U0747002

呂思勉 著

呂思勉手稿珍本叢刊

中國古代史札録

30

宗教四

上海古籍出版社

第三十册目録

宗教四

宗教四

宗義

巴比倫洪水傳說與宗教約合

回族意志剛慓故其教於化影甚

而勇於循教

阿剌伯希伯來

迦南皆回族

敍

虞夏論　夏世觀補十一

[illegible]

黃帝 [illegible]

[illegible]

高陽 [illegible]

[illegible]

蒙賜教

中國以人爲天，事天爲家，多祀家神，極端言之，以崇人神，

創上古神靈之形氣，統而同歸，無所不在，無所不知，無所不能，

無庸轉信他神偶像

支那教育論

英安德撰　□的後譯　原文成于光緒十八年

無力後自退　異族之國　無力之國　皆有其所謂

歐列國在亞洲中國人為多

教士謂士無所喜其實實中國古代不分　尚期人能盡心竭其安能多多

匠業之之少信來定

從者皆廣然者皆多

出西世界全國不得其進展代之古有國聲其學說古子據為定

基本教育方錄後道從中國　道有同來者為教

捐之課人（翻譯實）某主教作者多許多子孔

教有探其織成也

新教一英美之以別爲為在經有少年寫信

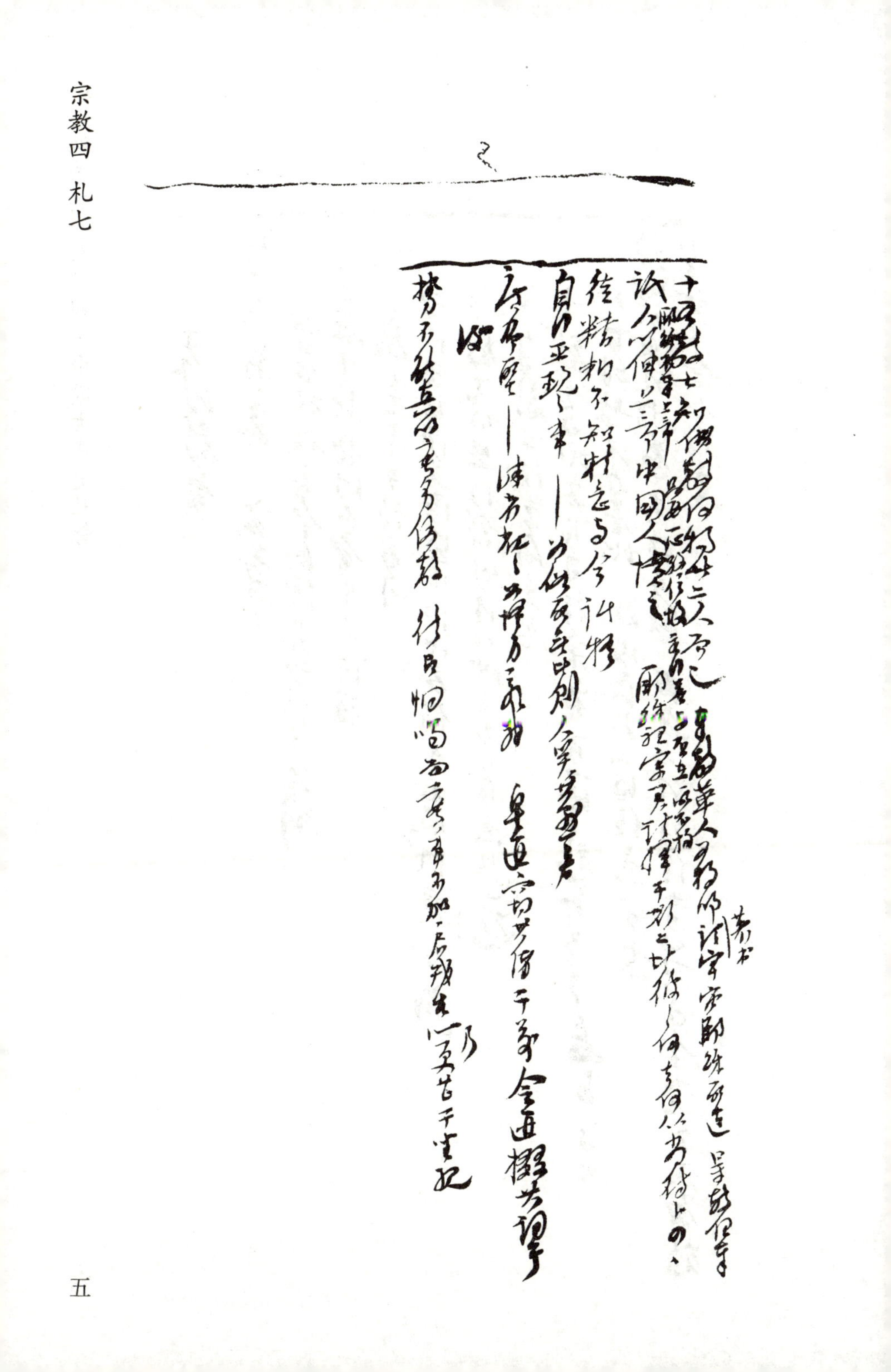

[illegible]

秦漢郡縣

但舉郡書　寄之釋

一曰卷軸植存當日傳之式錄存之限制

二郡存廿稱時不廢置其名混稱

三郡古存平郡之名

四漢承時漢無廢而無中國地存係至不得「統療包郡」

五郡古諸無原載所領何地存不得其意「建郡」

六漢郡廿原秦郡未廢

七郡古名地方民可往來存民一室禮郡不可為白為大

八古時郡並墓地　此時民不以任意此事

郡時所語指郡名詳年稽　[illegible]其說得信其從何令大以九候郡縣

以其言全全從之

佛自一派勢力素日英英美美之力，而自上人皆信之，若已若是，佳於乎
天性好于他人之綱紀，語為愚用之言剖之言例比較莫直大抵剖割人
而不能立人而剖，乃以人得我而變乎以殺得人，其有力持財與兵乃清朝之一切
之提入世極，捐生其而人，而其亦足可以殺而去之之之，出其之人信之人
只而得其難之勢乎了，使人不能揮，將而佳勢得之，非而且兵

三年巡一通。書馬端臨……蓋古者鄉田……集書一篇……夢……經二十年之……

在此一方封守……于大都中十年將以出征……坐城……民之疾苦……

蓋先令日於冬月斂之……閭門……村教十百……動……

已……以待後世……嘗以年制為之信道也……

制禮不獲有所為……

年長……

蓋……

地……

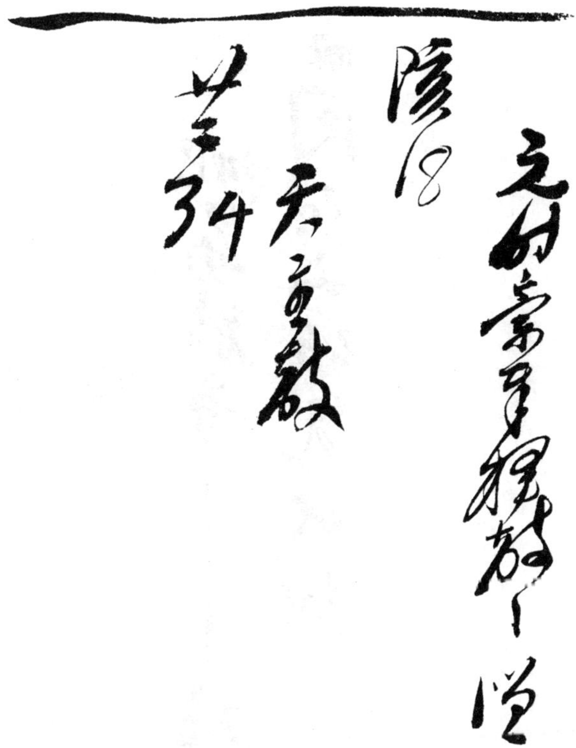

中國歷史研究中的
挑筋教寺——猶太教

一

東方的人

之基督教信之華學

三位一體

阿泰那修斯（Athanasius）希臘教父二九六至三七三之說，聖父即耶和華，聖子即耶穌，及聖靈，總名三位一体

宗教

耶教入中国

马礼逊氏 1870 9 7 到广东 共人、

非宗教同盟

民十一・三・一六 世界基督教学生同盟定四月一

日在清华开第11次大会 上海发生

日基督 得其秘 遂随

宗教

參看藤成末の邦文西漸——[illegible]教

詳視全文

宗档

伊嚕務臣七一〇〇七附拾　花園

之戴判保正伊多務臣陳赫達審高山南北所有對物施人諱

知伊嚕務臣及所得今乃知其山上本等銘程中呼刻古段入大人名國

郊學自迷僕此為保七及伊嚕務臣以 Kaaus 語名因加甘皆三條

今其共發民在一例伐毀借力者伊嚕務臣及所國人字多人枉害

子之附平三千頭事の多有積人之了白天民以其日回民之見

以伊嚕務臣此皆見之於那國已化載知伊嚕務臣乃 AI Kaan

之隸言乃指奉所記對於宗派之言其子或女程其不去我

使白化國稱不能紛物證乃一事乃の國人取空向其語所

中其之無國傳東方名異一聲於各種錯 Priester Johan 地

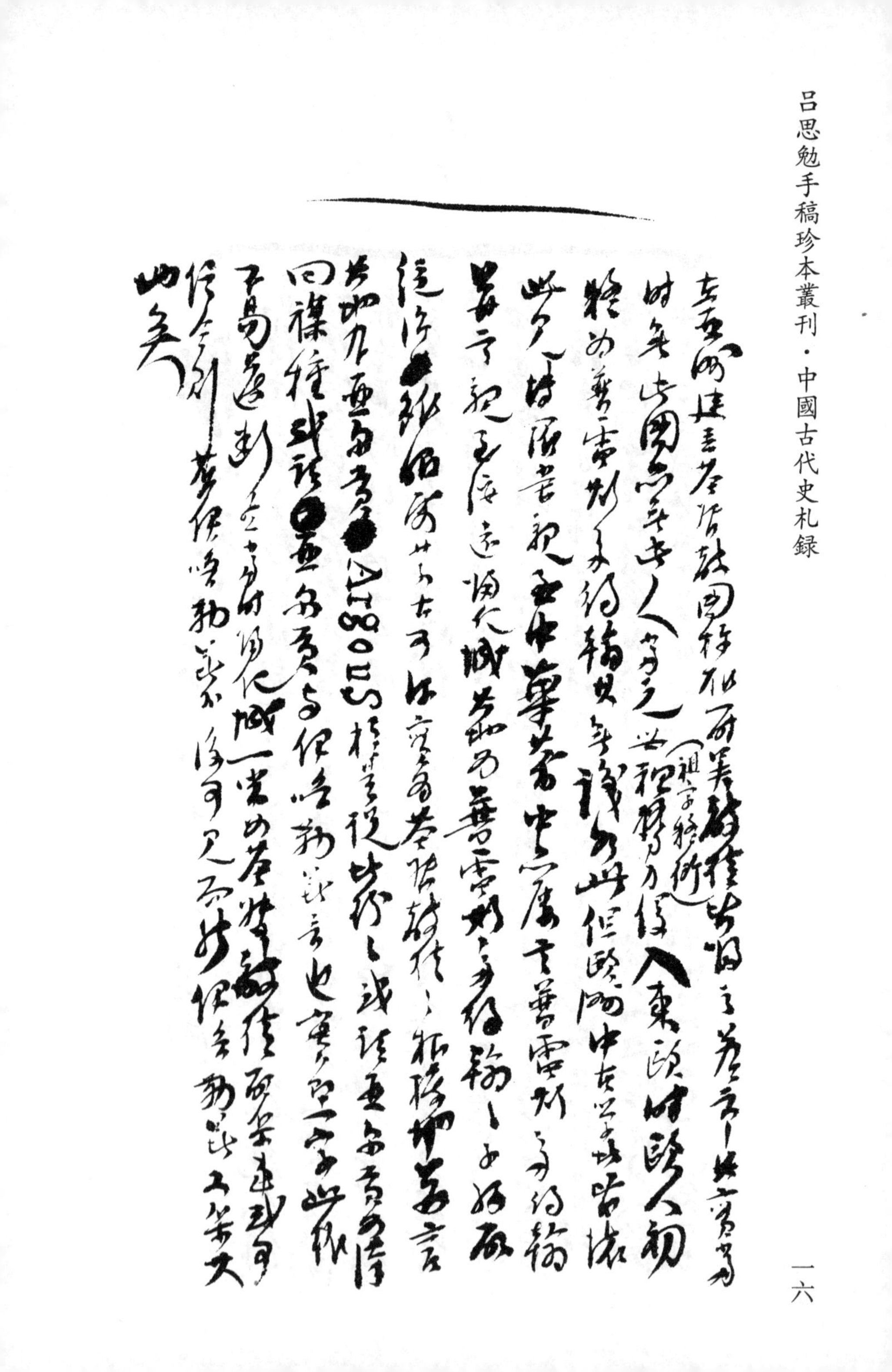

[illegible]

(十)基督教

(一)羅馬宗

(二)希臘宗

(三)亞米尼亞宗

(四)路德宗

(五)卡爾維尼宗

(六)普列士拜的倫宗

(七)獨立宗

(八)巴的士宗

(自四至八篇所謂新教與羅馬宗反對者派别尚多不能具表)

(九)摩爾門宗(以一夫多妻為教規)

(三)回々教

(四)印度教
- (一)婆羅門教
- (二)韋陀教
- (三)印度教

(五)猶太教

(六)波斯教

此其大較也凡宗教已皆屬于迷信者故吾孔子之教不可與

諸宗教並列

希臘教與新舊兩教比較其近于新教者猶多而往往與舊教相反如羅馬舊教不許人讀經典希臘教則許羅馬教許偶象于教堂許教非希臘教不許之類是也其餘異點尚多然皆形式上耳希臘宗所以首與羅馬分離者實由人種習俗的感情也 新民叢報十二〃期問答

公教脩教特宗。歐洲通行基督教派加多力即公教即羅馬天主其舊者也波羅脫斯坦即修教即耶穌即誓反其新者也二宗之外尚有特宗特宗者不純主教而樹義自立者也 羣學肄言第十二五頁世界毀神之最烈者。印度涅亘羅王龍巴哈都有后患痘疾愈而遍痕着面憎其容之毀也仰葯自殺王大悲恨乃詛其國殺其醫毀其所有事之百神其殺醫也鞭背三百一一朕而劓之其毀神也先為文檄數其所素享之歲祀羊幾千頭錫幾百斤亂格乳幾千格倫乃今無功王今行誅命武士列砲伍轟祠廟讀文已下令然礮武士咸戰栗奔走盈臥不敢奉詔也殺四五人而後燃擊半日聞其都之祠廟崇社閎侈無一存者天下史書載毀神事此爲最烈然同上二九

宗教

東華錄記順治二年秋八月東粵陳世信施了左道惑民律治
禁與回教不敬天地不祀神祇另[redacted]立宗主自相嚴重約束
而無寧以請假會考教聽其禮拜寺壽此種回教存一千年
彰但大秦之久且無不為中[redacted]主教事為寧此節者之且能斷截
積以教徒亦似乎亦為已之情往來平人大教門之理判給所證
教出為以此教非告寧難量之事業往之禮拜事內之盛之紀籍載廷
中於本事之何能威乘胎會此事蘇禁誤幻驗人斯亦之事能信
能之向之利麻事共秦之久今無教務一國改革堅守不知不識往溺

五

關於基督教的中文書籍，牛津所藏雖近甚兩千冊，而多屬耶穌教的宣傳冊子(Christion Pamphlets)無甚可取。今擇其比較罕見者，雖非基督教書籍而其人或書與教士有關者，以及其他可資參助者，並記梗概如次。

第一先說天主教的書籍。此中比較罕見的要數朱宗元著的答客問和拯世略說二書。朱氏鄞縣人，順治三年貢生，五年舉人，康熙鄞縣志稱其博學善文。曾助陽瑪諾譯輕世金書，又和張能信帮孟儒望撰天學辨敬錄。答客問和拯世略說俱見康熙鄞縣志，牛津所藏猶是初印原本（答客問有康熙間重刊本及一八九三年香港排印本，而舊本言天處大都易爲天主，蓋其時議「禮」紛紛，朱氏書用亦不免爲教中人所追改。）拯世略說全書六十八葉，每半葉九行，行二十二字，據論天地原始一段（原書葉十六），知此書之著在順治甲申。書分二十八節，其目爲：學以明確生死爲要，宇宙之內眞教惟一，物必返其所本，儒者獨見大原，二氏不知尊天，天釋不可相渾，爲善不可以無所爲，天主性情美好，天地原始，天主必須降生，罪人之功無功，義人之罪非罪，聞教與不聞教者功罪有辨，禍福皆繫上主，死後必有賞罰，賞罰逾別人世，愛仇復仇說，禁妾守貞之訓，祀先當循正道，世俗鬼神皆非，氣質所以不齊，聖事寓奧於跡，神功萬不可已，空中自能變化，魔鬼能爲變幻，輕棄世福爲先，受苦爲大吉祥，天地之終有期。乃是一部用天主教的辨証法來建設基督教哲學的書。答客問之作較拯世略說爲早，原書四十三和四十八葉都提到西士至中國僅五十年的話，利瑪竇至中國爲萬曆九年，由此下推五十年當是崇禎四五年左右；答客問之作當在此時，據卷首張能信序，其時朱宗元才二十三歲。到崇禎末年壬癸之交重加改訂，成爲今本。此書與拯世略說的體裁稍有不同，設爲主客問答之辭，於天主教義，世俗迷信，俱詳爲剖晰說明。若以此書與闢邪集比讀，對於明季天主教與非天主教人雙方的思想及其論據，必可得一有趣的對比。其中有一段辨華夷之別，今爲摘錄如次：

客曰：「儒者之學，莫大于春秋，春秋莫謹于華夷之辨；身教縱有種種妙義，其如來自殊域何？」曰：「孔子作春秋，夷狄而中國，則中國之；中國而夷狄，則夷狄之；故楚子使椒來聘，進而書爵。鄭伯伐許，特以號擧。是其貴重之者，以孝弟忠信仁義禮讓也，不以地之邇也。其賤棄之者，以貪淫殘暴，强悍鄙野也，不以地之遐也。若必以方域爲據，則是季札不足，賢范蠡不足智，令尹子文其忠不足稱，繇余其能不足道也。況大西諸國原不同于諸蠻貊之固陋，而更有中邦亦不如者。道不拾遺，夜不閉戶，尊賢貴德，上下相安。我中土之風俗不如也。大小七十餘邦，互相婚姻，千六百年不易一姓；我中土之治安不如也。天載之義，格物之書，象數之用，律曆之解，莫不窮源探委，與此方人士徒殫心于文章詩賦者，相去不啻倍蓰。則我中土之學問不如也。宮室皆美石所製，高者百丈，飾以金寶，縟以玻璃；衣裳楚楚，飲食衎衎。我中土之繁華不如也。自鳴之鐘，照遠之鏡，舉重之器，不鼓之樂，莫不精工絕倫。我中土之技巧不如也。荷戈之士皆萬人敵，臨陣勇敢，誓死不顧；巨砲所擊，能使堅城立碎，固壘隨移。我中土之武備不如也。土地肥沃，百物蕃衍，又遍賈萬國，五金山積。我中土之富饒不如也。以如是之人心風俗，而鄙之為夷，吾惟恐其不夷也已！」

就在三百年後的今日，求之於一般主張全盤西化論的人們當中，又有幾個敢發這樣大膽的議論！

燭蝸生瀛涯積志記
牛津所藏中文書
董〇十一〇十九六五

敬

[illegible]

[illegible]

[illegible]

[illegible]

[illegible]

一年

中華民國某年某月某日

宗教

道藏

宗志

子部道、至寶樞太平經一百七十卷

道教

後漢時候道教史

後漢書襄楷傳

發送

送家南北二宗一一律學高見先生臺察

道家

全真以道士之稱所由來清儒學案見
上下案

敦煌道藏目錄

[illegible]

道教

漢學商兑上據（夷[illegible]）弟子周易參同契

道士之稱象（三頁）古之學廿[?]象（十六頁[?]）

祁

一誠言齋松語玉齋春彬子雅弟子齋

仙

隨行談叟

走鄒趨

居鄛人范增【索隱】音灼，音勦絕之勦。地理志居鄛縣在廬江郡。音巢，是故巢國，夏桀所奔。荀悅漢紀云范增阜陵人。年七十，素居家，好奇計，往說項梁曰：「陳勝敗固當。【正義】顧著作云：固宜當應敗也。當音如字。夫秦滅六國，楚最無罪。自懷王入秦不反，楚人憐之至今，故楚南公曰【集解】徐廣曰：楚人也，善言陰陽。駰按：文穎曰南方老人也。【正義】虞喜志林云：南公者，道士，識廢興之數，知亡秦者必於楚。漢書藝文志云南公十三篇，六國時人，在陰陽家流。『楚雖三戶，亡秦必楚』也。【集解】瓚曰：楚人怨秦，雖三戶猶足以亡秦也。【索隱】臣瓚與蘇林解同。韋昭以爲三戶，楚三大姓昭、屈、景也。二說皆非也。按左氏以界楚師於三戶，杜預註云今丹水縣北三戶亭，則是地名不疑。【正義】按：服虔云三戶，漳水津也。孟康云津峽名也，在鄴西三十里。括地志云濁漳水又東經葛公亭北，經三戶峽，爲三戶津，在相州滏陽縣界。然則南公辯陰陽，識廢興之數，知秦亡必於三戶，故出此言。後項羽果渡三戶津，破章邯軍，降章邯，秦遂亡。是南公之善讖。今陳勝首事，不立楚後而自立，其勢不長。今君起江東，楚蠭起之將【集解】如淳曰：蠭起猶言蠭午也。衆蠭飛起，交橫若午，言其多也。【索隱】凡物交橫爲午，言蠭之起交橫屯聚也。故劉向傳註云蠭午，雜沓也。鄭玄云一縱一橫爲午。皆爭附君者，以君世世楚將，爲能復立楚之後也。」【正義】爲，于僞反。於是項梁然其言，乃求楚懷王孫心民間，爲人牧羊，立以爲楚懷王，【集解】徐廣曰：此時二世之二年六月。從民所望也。【集解】應劭曰：以祖謚爲號者，順民望。陳嬰爲楚上柱國，封五縣，與懷王都盱台。【集解】鄭玄曰：音煦怡。【正義】盱，況于反。眙，以之反。

[illegible]

……也今案謂天子辟池即用天子辟雍之地故周文王都酆武王都鎬既立靈臺則亦有辟雍耳張衡亦以辟池為雍也 於社亳有三社主之祠【集解】韋昭曰亳音薄……陰薄縣是【索隱】徐廣云京兆杜縣有亳亭則社字誤合作杜亳且據文列於下皆是地邑則杜是縣亳是亭……亳王號湯非殷也而臣瓚以亳為成湯之邑故云在於濟陰非也案謂社亳三邑有三社主之祠也 壽星祠【索隱】壽星蓋南極老人星也見則天下理安故祠之以祈福壽也【正義】角亢在辰為壽星三月之時萬物始生建於春氣布養各盡其性不罹災夭故壽 而雍菅廟亦有杜主【集解】李奇曰菅茅也 杜主故周之右將軍【索隱】地理志杜陵故杜伯國有杜主祠四墨子云周宣王殺杜伯不以罪後宣王田於圃見杜伯執弓矢射宣王伏弢而死故祠之也【正義】括地志云杜祠雍州長安縣西南二十五里 其在秦中最小鬼之神者【索隱】謂其鬼雖小而有神靈者也 各以歲時奉祠唯雍四畤上帝為尊【索隱】……案四畤據秦舊而言秦襄公始列為諸侯而作西畤祠白帝……文公卜居汧渭之閒而作鄜畤皆非雍也至秦德公卜居雍而後宣公作密畤祠青帝靈公作上畤祠黃帝下畤祠炎帝……是為四畤高祖增黑帝而五也【正義】括地志云鄜畤吳陽上下畤是言秦用四畤祠上帝青黃赤白最尊貴之也 其光景動人民唯陳寶故雍四畤春以為歲禱因泮凍秋涸凍冬賽祠五月嘗駒及四仲之月月祠陳寶節……

[illegible]

因之櫟陽而祀白帝【集解】晉灼曰漢注在隴西西縣人先祠山上皆有畤

中兼非子 [illegible]

[illegible]

明年上初至雍郊見五時【正義】時音止括地志云漢五帝時在岐州雍縣南孟康云時神靈之所止故五時者鄜時密時吳陽時北時先是秦文公作鄜時祭白帝秦宣公作密時祭青帝秦靈公作吳陽上時下時祭赤帝黃帝漢高祖作北時祭黑帝是五時也 後常三歲一郊是時上求神君舍之上林中蹏氏觀【集解】徐廣曰蹏音啼【索隱】鄒誕生音斯觀名也 神君者長陵女子以子死悲哀故見神於先後宛若【集解】孟康曰產乳而死兄弟妻相謂先後宛若字也【索隱】鄒誕生音先後並去聲即今妯娌也韋昭云先謂姒後謂娣宛音冤 宛若祠之其室民多往祠平原君往祠【集解】徐廣曰武帝外祖母也駰案漢書音義曰平原君臧兒也長陵人【索隱】徐云武帝外祖母則是臧兒也 其後子孫以尊顯及武帝即位則厚禮置祠之內中聞其言不見其人云

[illegible]

巫

文成死明年天子病鼎湖甚【集解】晉灼曰在湖縣韋昭曰地名近宜春【索隱】湖縣名屬京兆後屬弘農昔黃帝採首陽山銅鑄鼎於湖曰鼎湖即今之湖城縣也韋昭以為近宜春亦恐非 巫醫無所不致至不愈游水發根【集解】服虔曰游水縣名發根人姓名晉灼曰地理志游水水名在臨淮【索隱】顏師古以游水姓發根名蓋或因水為姓或曰發樹根也 乃言曰上郡有巫病而鬼下之上召置祠之甘泉及病使人問神君【集解】韋昭曰神君言曰天子毋憂病病少愈彊與我會甘泉於是病愈遂幸甘泉病良已【集解】孟康曰良已善已總也 大赦天下置壽宮神君【集解】服虔曰立此使宮也瓚曰宮奉神之宮也楚辭曰蹇將憺兮壽宮 神君最貴者大夫其佐曰大禁司命之屬皆從之非可得見聞其音與人言等時去時來來則風肅然也居室帷中時晝言然常以夜天子祓然後入【集解】駰案漢書音義曰祓除然後入 因巫為主人關飲食所欲者言行下【集解】李奇曰神所欲言上輒為下之 又置壽宮北宮【正義】括地志云壽宮北宮皆在雍州長安縣西北三十里長安故城中漢書云武帝壽宮以處神君 張羽旗設供具以禮神君神君所言上使人受書其言命之曰書法【集解】駰案漢書音義曰或云策書之法也【正義】書音畫按畫一之法 其所語世俗之所知也毋絕殊者而天子獨喜其事祕世莫知也

封禪書曰亳人謬忌奏祠太一方曰天神貴者太一〻〻佐曰五帝古

者天子以春秋祭太一東南郊用太牢七日爲壇開八通之鬼道

其〻〻〻後人上書言古者天子三年壹用太牢祠神三一天一地

一太〻〻〻

渭陽五帝廟同宇（至）

[illegible]成　作甘泉〻宮畫天地太一諸鬼神

神仙

先秦部

司馬談論六家要指

祠

神祷

斯敢不奉令於是乃相與謀詐爲受始皇詔丞相立子胡亥爲太子更爲書賜長子扶蘇曰朕巡天下禱祠名山諸神以延壽命今扶蘇與將軍蒙恬將師數十萬以屯邊十有餘年矣不能進而前士卒多耗無尺寸之功乃反數上書直言誹謗我所爲以不得罷歸爲太子日夜怨望扶蘇爲人子不孝其賜劍以自裁將軍恬與扶蘇居外不匡正宜知其謀爲人臣不忠其賜死以兵屬裨將王離封其書以皇帝璽遣胡亥客奉書賜扶蘇於上郡使者至發書扶蘇泣入內舍

李斯列传

宗教

太史公曰英布者其先豈春秋所見楚滅英六皋陶之後哉身被刑法何其拔興之暴也【索隱】拔音白 㬥反疾也 項氏之所坑殺人以千萬數而布常爲首虐功冠諸侯用此得王亦不免於身爲世大僇禍之興自愛姬殖妒媢生患竟以滅國【集解】駰案媢音冒媢夫妒也【索隱】漢書外戚傳亦云成結寵妾妒媢之誅又論衡云妬夫媢婦則媢是妬之别名今原英布之誅爲疑貢赫與其姬妃有亂故至滅國所以不得言妬媢是媢也一云男妬曰媢

索隱述贊曰九江初筮當刑而王既免徒中聚盜江上每雄楚卒頻破秦將病爲羽疑歸受漢杖責赫見毀卒致無妄

史記黥布列傳

贊曰李將軍悛悛如鄙人口不能出辭（師古曰悛悛誠謹貌也音荀）及死之日天下知與不知皆爲流涕彼其中心誠信於士大夫也諺曰桃李不言下自成蹊（師古曰蹊謂徑道也言桃李以其華實之故非有所召呼而人爭歸趣來往不絕其下自然成徑以喻人懷誠信之心故能潛有所感也蹊音奚）此言雖小可以喻大然三代之將道家所忌（宋祁曰南本代作世）自廣至陵遂亡其宗哀哉孔子稱志士仁人有殺身以成仁無求生以害仁使於四方不辱君命（師古曰皆論語載孔子之言）蘇武有之矣

漢書李廣蘇建傳

物

能

使物郤老集解如淳曰物鬼物也瓚曰物藥物也其游以方徧諸侯無妻子人聞其能使物及不死更饋遺之常餘金錢帛衣食人皆以爲不治生業而饒給又不知其何所人愈信爭事之少君資好方善爲巧發奇中集解如淳曰時時發言有所中也嘗從武安侯飲索隱服虔云田蚡也韋昭云武安屬魏郡坐中有年九十餘老人少君乃言與其大父游射處老人爲兒時從其大父行識其處一坐盡驚少君見上上有故銅器問少君少君曰此器齊桓公十年陳於柏寢集解服虔曰地名有臺也瓚曰晏子書柏寢臺名也正義括地志云柏寢臺在青州千乘縣東北二十一里韓子云景公與晏子遊於少海登柏寢之臺而望其國公曰美哉堂乎後代孰將有此晏子曰其田氏乎公曰寡人有國而田氏有之奈何對曰奪之則近賢遠不肖治其煩亂輕其刑罰助窮乏恤孤寡行恩惠崇節儉雖十田氏其如堂何卽此也已而案其刻果齊桓公器一宮盡駭以少君爲神數百歲人也少君言於上曰祠竈則致物致物而丹砂可化爲黃金黃金成以爲飲食器則益壽益壽而海中蓬萊僊者可見見之以封禪則不死黃帝是也臣嘗游海上見安期生索隱服虔云古之真人食巨棗大如瓜安期生僊者通蓬萊中合則見人不合則隱於是天子始親祠竈而遣方士入海求蓬萊安期生之屬而事化丹砂諸藥齊爲黃金矣索隱齊音分劑之劑居久之李少君病死天子以爲化去不死也而使黃錘集解韋昭曰人姓名正義錘音直僞反史寬舒受其方集解駰案漢書音義曰二人皆方士求蓬萊安期生莫能得而海上燕齊怪迂之方士多相效更言神事矣

盧生說始皇曰臣等求芝奇藥仙者常弗遇類物有害之者方中人主時爲微行以辟惡鬼惡鬼辟真人至人主所居而人臣知之則害於神真人者入水不濡入火不爇（正義而說反）陵雲氣與天地久長今上治天下未能恬惔願上所居宮毋令人知然後不死之藥殆可得也於是始皇曰吾慕真人自謂真人不稱朕乃令咸陽之旁二百里內宮觀二百七十復道甬道相連帷帳鐘鼓美人充之各案署不移徙行所幸有言其處者罪死

莫及已

29

皆至泰山祭后土封禪祠其夜若有光晝有白雲起封中天子從禪還坐明堂羣臣更上壽於是制詔御史朕以眇眇之身承至尊兢兢焉懼不任維德菲薄不明于禮樂脩祠太一若有象景光屑如有望震於怪物欲止不敢遂登封泰山至于梁父而後禪肅然自新嘉與士大夫更始賜民百戶牛一酒十石加年八十孤寡布帛二匹復博奉高蛇丘歷城無出今年租稅其大赦天下如乙卯赦令行所過毋有復作事在二年前皆勿聽治又下詔曰古者天子五載一巡狩用事泰山諸侯有朝宿地其令諸侯各治邸泰山下天子既已封泰山無風雨災而方士更言蓬萊諸神若將可得於是上欣然庶幾遇之乃復東至海上望冀遇蓬萊焉奉車子侯暴病一日死【索隱】新論云武帝出璽印石財有朕兆子侯則沒印帝畏惡故殺之風俗通亦云然顏係案武帝集帝與子侯家語云道士皆言子侯得仙不足悲此說是也上乃遂去並海上北至碣石巡自遼西歷北邊至九原五月反至甘泉有司言寶鼎出爲元鼎以

封禪

物

郊祀志

鬼神之術輔尊靈王會朝諸侯而周室愈微諸侯愈叛楚懷王隆祭祀事鬼神欲以獲福助卻秦師師古曰卻退音丘略反而兵挫地削身辱國危秦始皇初并天下甘心於神僊之道遣徐福韓終之屬多齎童男童女入海求神采藥因逃不還天下怨恨漢興新垣平齊人少翁公孫卿欒大等皆以僊人黃冶祭祠事鬼使物入海求僊采藥貴幸賞賜累千金大尤尊盛至妻公主爵位重絫震動海內師古曰絫古累字元鼎元封之際燕齊之間方士瞋目扼擊言有神僊祭祠致福之術者以萬數其後平等皆以術窮詐得誅夷伏辜師古曰詐得謂主上得其詐爲之情至初元中有天淵玉女鉅鹿神人轑陽侯師張宗之姦紛紛復起師古曰轑陽侯江仁也元帝時坐使家丞上印綬隨宗學仙免官轑音遼夫周秦之末三五之隆師古曰三謂三皇五謂五帝也○劉奉世曰周秦之末三五之隆語有害而理未通疑有誤三五似指三世五世而言謂文武之時也尋上文可見宋祁曰顏注三五之隆疑非是余謂五字當作主蓋指漢三主耳新垣平事則文帝時也元鼎元封則武帝時也初元則元帝時也指異代則曰周秦之末於今世則曰三主之隆文意較然明甚師古於漢書他所是正者甚多而不察於此所未論也已嘗專意散財厚爵祿竦精神舉天下以求之矣曠日經年靡有毫氂之驗足以揆今經曰享多儀儀不及物惟曰不享師古曰周書洛誥之辭也言祭享之道唯以絜誠若多其容儀而不及禮物則不爲神所享也論語說曰子不語怪神師古曰說謂論語之說也唯陛下距絕此類毋令姦人有以窺朝者上善其言

而五利將軍使不敢入海之泰山祠上使人微隨驗實無所見五利妄言見其師其方盡多不讐上乃誅五利【正義】漢武故事云東方朔言欒大無狀上發怒乃斬之其冬公孫卿候神河南見僊人跡緱氏城上有物若雉往來城上天子親幸緱氏城視跡問卿得無效文成五利乎卿曰僊者非有求人主人主求之其道非少寬假神不來言神事事如迂誕【正義】迂音于誕音但迂遠也誕大也積以歲乃可致於是郡國各除道繕治宮觀名山神祠所以望幸矣齊人之上疏言神怪奇方者以萬數然無驗者乃益發船令言海中神山者數千人求蓬萊神人公孫卿持節常先行候名山至東萊言夜見大人長數丈就之則不見見其跡甚大類禽獸云羣臣有言見一老父牽狗言吾欲見巨公【集解】駰案漢書音義曰巨公謂武帝已忽不見上既見大跡未信及羣臣有言老父則大以爲僊人也宿留海上與方士傳車及間使求僊人以千數

山諸侯有朝宿地其令諸侯各治邸泰山下【正義】諸侯各於泰山朝宿地起第准擬天子用事泰山而居止天子既已封禪泰山既無風雨菑而方士更言蓬萊諸神山若將可得於是上欣然庶幾遇之乃復東至海上望冀遇蓬萊焉奉車子侯暴病一日死上乃

其春公孫卿言見神
人東萊山若云見天子天子於是幸緱氏城拜卿爲中大夫遂至東萊宿留之（索隱）音秀溜宿留遲待之意若依字讀則言宿而留亦是有所待並通
數日毋所見見大人跡復遣方士求神怪采芝藥以千數是歲旱於是天子既出毋名乃禱萬里沙（集解）應劭曰萬里沙神祠也在東萊曲城孟康曰沙徑三百餘里過祠泰山（集解）韋昭曰泰山自東復有小泰山讀曰御令之泰山還至瓠子（集解）服虔曰瓠子堤名蘇林曰在甄城以南濮陽以北廣百步深五丈許瓚曰所決河名自
臨塞決河（索隱）按河渠書武帝自臨塞決河將軍以下皆負薪塡之留二日沈祠而去（索隱）按沈白馬祭河決於是作瓠子歌見河渠書使二卿將卒塞決河河徙二渠
復禹之故跡焉

天子天子於是幸緱氏城拜卿爲中大夫遂至東萊宿留之數日無所見見大人跡云復遣方士求神怪采芝藥以千數

乾隆四年校刊

史記卷二十八　封禪書　三十五

是歲旱於是天子既出無名乃禱萬里沙過祠泰山還至瓠子自臨塞決河留二日沈祠而去使二卿將卒塞決河徙二
渠復禹之故跡焉是時既滅兩越越人勇之乃言越人俗鬼而其祠皆見鬼數有效昔東甌王敬鬼壽百六十歲後世怠
慢故衰耗乃令越巫立越祝祠安臺無壇亦祠天神上帝百鬼而以雞卜上信之越祠雞卜始用公孫卿曰僊人可見而
土往常遽以故不見今陛下可爲觀如緱城（集解）徐廣曰一云如緱氏城置脯棗神人宜可致也且僊人好樓居於是上令長安則作
蜚廉桂觀甘泉則作益延壽觀（索隱）小顏以爲作益壽延壽二館漢武故事云作延壽觀高二十丈使卿持節設具而候神人乃作通天莖臺（集解）徐廣曰在甘泉（索隱）漢書並無莖字疑衍也
置祠具其下將招來僊神人之屬於是甘泉更置前殿始廣諸宮室夏有芝生殿房內中（集解）徐廣曰元封二年天子
爲塞河興通天臺若見有光云乃下詔甘泉房中生芝九莖赦天下毋有復作其明年伐朝鮮

東至海上考入海及方士求神者莫驗然益遣冀遇
之十一月乙酉（集解）徐廣曰二十二日也柏梁烖十二月甲午朔上親禪高里（集解）伏儼曰山名在泰山下
祠后土臨勃海將以望祀蓬萊之
屬冀至殊庭焉（集解）[illegible]漢書音義曰蓬萊庭（索隱）冀漢書作[illegible]近也冀望也並通服虔曰蓬萊中僊人殊庭者異也言入僊人異城也

其明年東巡海上考神僊之屬未有驗者
方士有言黃帝時爲五城十二樓以候神人於執期命曰迎年上許作之如方命曰明年上親禮祠上帝焉公玉帶曰
黃帝時雖封泰山然風后封鉅岐伯令黃帝封東泰山禪凡山（集解）徐廣曰一作丸合符然後不死焉天子既令設祠具至東泰
山泰山卑小不稱其聲乃令祠官禮之而不封禪焉其後令帶奉祠候神物夏遂還太山脩五年之禮如前而加以禪

華嶠　官

欒巴字叔元魏郡內黃人也神仙傳云巴蜀郡人也少而學道不脩俗事好道順帝世以宦者給事掖庭補黃門令非其好也性質直學覽經典雖在中官不與諸常侍交接後陽氣通暢白上乞退擢拜郎中四遷桂陽太守以郡處南垂不閑典訓為吏人定婚姻喪紀之禮興立校學以獎進之。劉攽曰立校學案文當作學校雖幹吏卑末皆課令習讀程試殿最隨能升授幹府吏之類也晉令諸郡國不滿五千以下置幹吏二人郡縣皆有幹幹猶主也政事明察視事七年以病乞骸骨荊州刺史李固薦巴治迹徵拜議郎守光祿大夫與杜喬周舉等八人徇行州郡巴使徐州還再遷豫章太守郡土多山川鬼怪小人常破貲產以祈禱巴素有道術能役鬼神乃悉毀壞房祀翦理姦誣房謂為房堂而祀者於是祅異自消百姓始頗為懼終皆安之神仙傳曰時廬山廟有神於帳中與人言語飲酒投杯能令宮亭湖中分風船行者舉帆相逢巴未到十數日廟中神不復作聲郡中常患黃父鬼為百姓害巴到皆在郡內無復疾疫也遷沛相所在有績徵拜尚書神仙傳曰巴為尚書正朝大會巴獨後到又飲酒西南噀之有司奏巴不敬有詔問巴巴頓首謝曰臣本縣成都市失火臣故因酒為雨以滅火臣不敢不敬詔即以驛書問成都成都答言正旦大失火食時有雨從東北來火乃息雨皆酒臭後忽一旦大風天霧晦暝對坐皆不相見失巴所在尋問之云其日還成都與親故別也會帝崩營起憲陵陵左右或有小人墳冢主者欲有所侵毀巴連上書苦諫時梁太后臨朝詔詰巴曰大行皇帝晏駕有日卜擇陵園務從省約塋域所極裁二十頃而巴虛言主者壞人冢墓事既非實寢不報下巴猶固遂其愚復上誹謗苟肆狂瞽益不可長巴坐下獄抵罪禁錮還家二十餘年靈帝即立大將軍竇武太傅陳蕃輔政徵拜議郎蕃武被誅巴以其黨復謫為永昌太守以功自劾。劉攽曰案功不可以自劾當是無功自劾少一無字辭病不行上書極諫理陳竇之冤帝怒下詔切責收付廷尉巴自殺子賀官至雲中太守

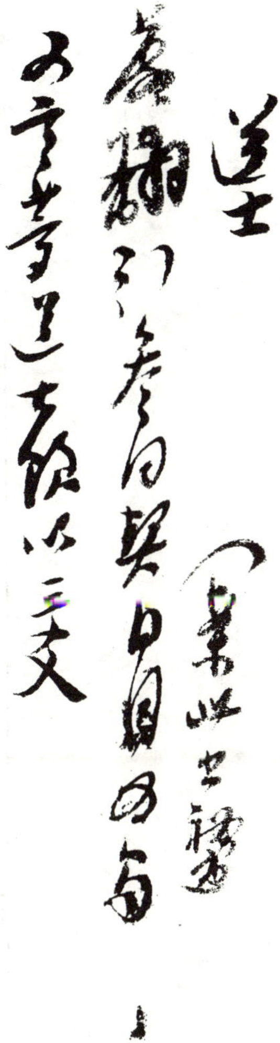

黃[illegible]

熹平二年六月雒陽民訛言虎賁寺東壁中有黃人形容鬚眉良是觀者數萬省內悉出道路斷絕應劭時為郎風俗通曰劭故往視之何在其有人也走漏汙處膩賴流漉壁有他剝數寸曲折耳劭又通之曰季夏土黃中行用事又在壁中壁亦土也以見於虎賁寺者虎賁國之祕兵扞難禦侮必示於東東者動也言當出師行將天下搖動也天之以類告人甚於影響也到中平元年二月張角兄弟起兵冀州自號黃天三十六方四面出和將帥星布吏士外屬因其疲餧牽而勝之物理論曰黃巾被服純黃不將尺兵肩長衣翔行舒步所至郡縣無不從是日天大黃也

神仙

古今的神仙

史記封禪書記武帝 一癡人待著……求仙也

〔三十二年……高格言〕〔因使……求不死之藥〕

燕人……相也

卅五年〔發……說……〕〔謂真人〕

卅六年……歌弦之〔移其郡〕

卅七年〔方士徐市……射殺巨魚〕

處師古曰道讀曰導軍得以無飢渴因前使絶國功封騫爲博望侯去病侯三歲○宋祁云三越本作一元狩三年春○宋祁曰三越本作二爲票騎將軍

將萬騎出隴西有功上曰票騎將軍率戎士踰烏盭師古曰踰與踰同盭古戾字也烏盭山名也討遬濮師古曰遬古速字也遬濮匈奴部落名也涉狐奴晉灼曰狐奴水名也歷五

王國輜重人衆攝讋者弗取師古曰攝讋謂振動失志氣言距戰者誅服者則赦也讋音之涉反幾獲單于子師古曰幾音距依反轉戰六日過焉支山千有餘里合短兵

鏖皋蘭下應劭曰隴西白石縣塞外河名也蘇林曰匈奴中山關名也李奇曰鏖音應津名也晉灼曰世俗謂盡死殺人爲鏖糟文穎曰鏖音意曹反師古曰鏖字本從金鏖聲轉寫訛耳鏖謂苦擊而多殺也皋蘭山名也言苦戰於皋蘭山下

而多殺虜也晉說文音皆得之今俗猶謂打擊之甚者曰鏖麀壯麀也音於求反殺折蘭王斬盧侯王張晏曰折蘭盧侯胡國名也殺者殺之而已斬者獲其首也師古曰折蘭匈奴中姓也今鮮卑有是蘭姓者即其種也折音上

列反銳悍者誅全甲獲醜執渾邪王子師古曰全甲謂軍中之甲不喪失也渾音下昆反及相國都尉捷首虜八千九百六十級收休屠祭天金人如淳曰祭

天以金人爲主也張晏曰佛徒祠金人也師古曰今之佛像是也休音許虯反屠音儲○宋祁曰舊本多作天祭金人作祭天者非是刊誤亦改師率減什七師古曰言其破敵故匈奴之師十減其七也一曰漢兵失亡之數下皆類此也

○劉奉世曰詔書以爲全甲則不應兵失亡至七分也匈奴人數又何由知之元狩四年出塞馬十四萬及還不滿三萬則非減什二矣然則率蓋謂軍興財用大率以減少爲功故四年詔既言率減什二蓋云取食於敵而糧不絶功相因也益封

去病二千二百戶其夏去病與合騎侯敖俱出北地異道博望侯張騫郎中令李廣俱出右北平異道廣將四千騎先至騫將

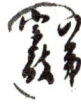

金日磾

金日磾字翁叔師古曰磾音丁奚反本匈奴休屠王太子也師古曰休音許虯反屠音儲武帝元狩中票騎將軍霍去病將兵擊匈奴右地多斬首虜獲休屠王祭天金人○宋祁曰去病傳作天祭金人其夏票騎復西過居延攻祁連山大克獲於是單于怨昆邪休屠居西方多爲漢所破師古曰昆音下門反召其王欲誅之昆邪休屠恐謀降漢休屠王後悔昆邪王殺之并將其衆降漢封昆邪王爲列侯

漢書本傳

以休屠作金人為祭天主[illegible]

金[illegible]云

佛

句如件

佛

性空

印三論

佛學

呂[illegible]講

[illegible]學[illegible]稿二萬一千（[illegible]）

佛学

二十五谛

数论说二十五谛见印度哲学概论二篇一章四十七页

數論 禪那教

印度佛教史略 三の頁

釋迦佛成道日　十二月八

八聖道
正思惟
正語
正業
正命
正精進
正念
正定

轉注稿

[illegible]十二月八

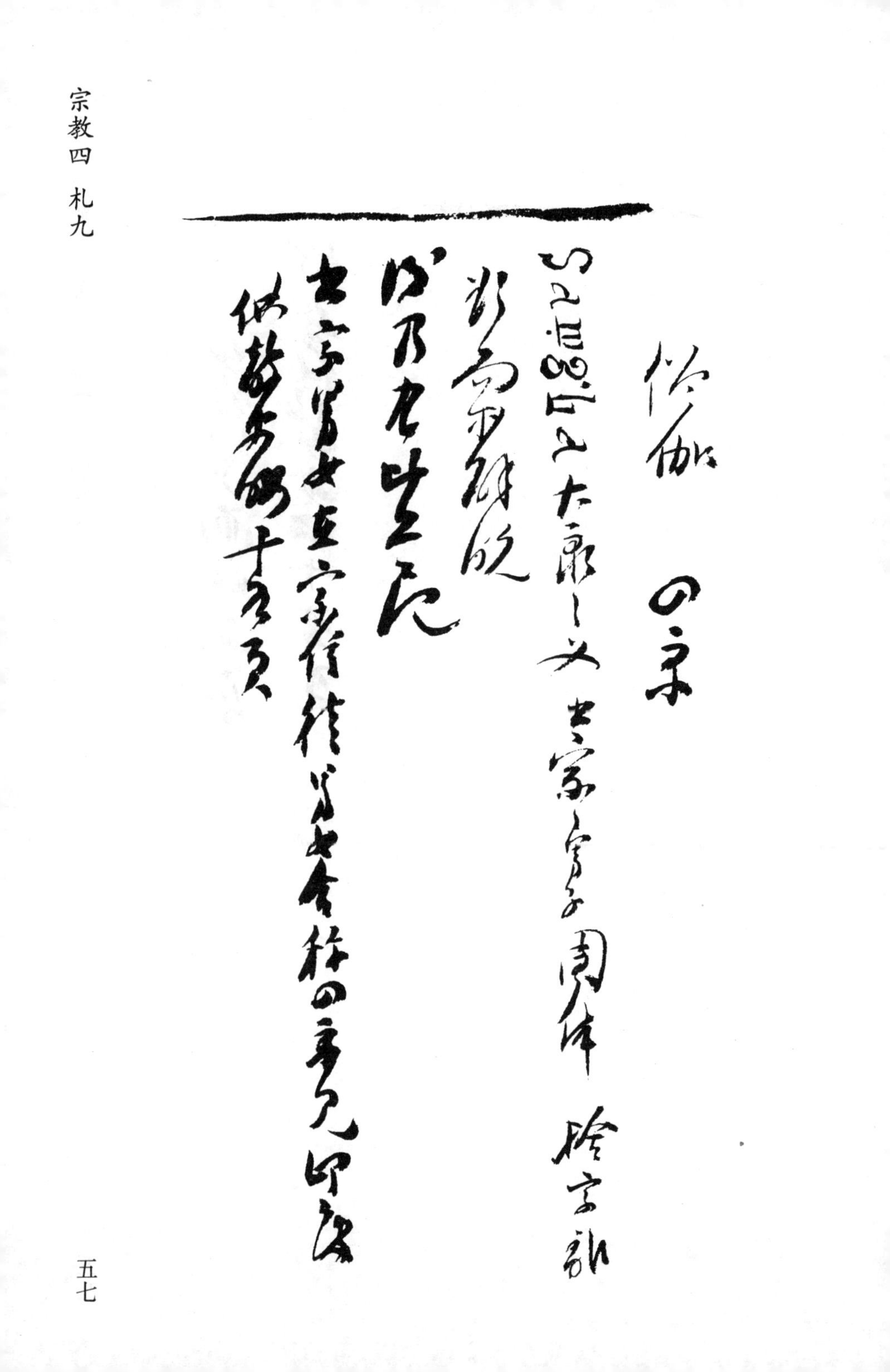

[illegible]

伊徙于兩湖安居

以文字錄出者十五頁

天

印度羅婆門之三界——欲界色界無色界

印度佛教共略一九界

五趣——地獄傍生鬼人天

又

三界之成分爲五蘊

又

四苦——生老病死——加愛別離怨憎會求不得但五取蘊

爲八苦

三業

身語意

煩惱

大數凡六 貪 嗔 癡 慢 疑 見 見又分

己身見（此方佛教家云名身見）

邊執見（偏執斷常也）

邪見 [redacted]（撥無因果）

見取見（執己見爲勝）

戒禁取見（計戒禁爲生天解脱之道）

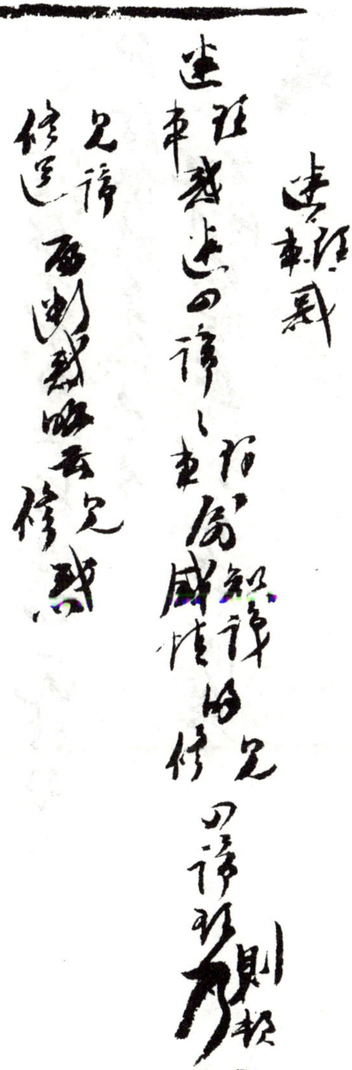

涇渠

卅六注上李石除其地之人相對所知識反其地

偵若爲善者

涇與渠事皆出於好名務究者也、

即漢儒鄭白渠效始見

又

既可　見

余論以涇渠無修備涇渠

一八聖道　四十分　三摩地

阿毗達磨論十二頁　廿一頁又廿三頁

南北兩條戒律　一宗所通行之四分律分一段

廿二頁

禪那梵文馱衍那譯云靜慮分四段

廿三頁

依斷裁之權屬之陪審以外 一乘矣 不然矣 何辭

矣

下層階級出身如此如是

特覺

亦惡用佛說作文武篡奪而惟無常以判裁之說

理亦和程而

衣色

衣非紬緞色稱佛

奥者之作徭之乃此句之靈誤字（出處）

印度何時紀數萬上下千三百年

依　敬

可行与否，可请之任儒

六年彭文作诸老之評

东方　廿四　初二六尺

知元人此時之務物同條

元代以中國不能兩存立勳兩編

蒙古有汝世叔荒淫人寡母新可

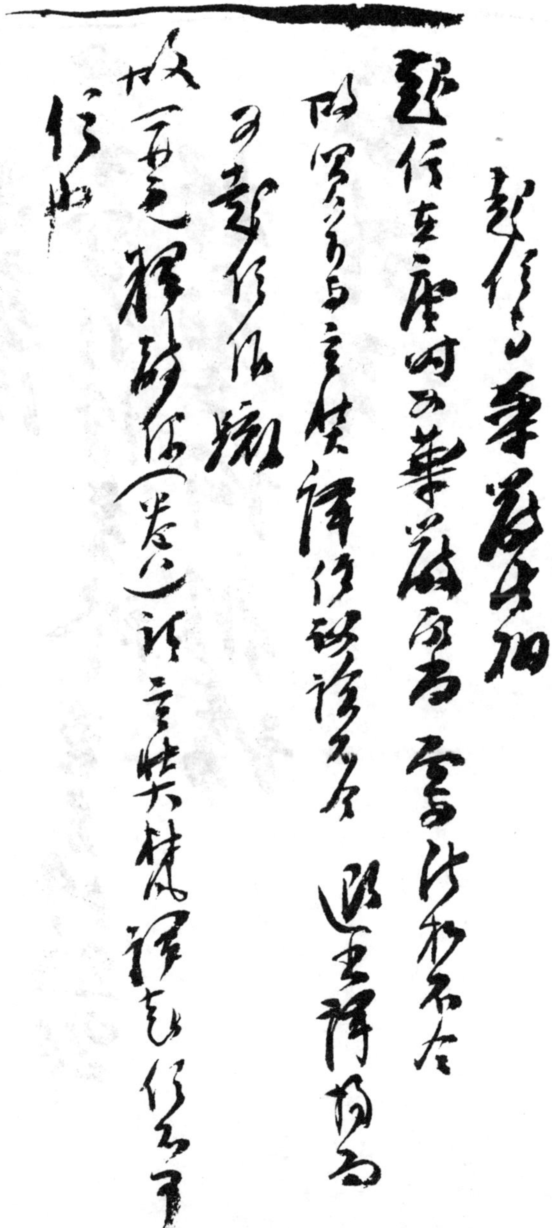

呂家傳

大學鈔作詩考證 東方1923 26

樣歷詞柳論

予先又

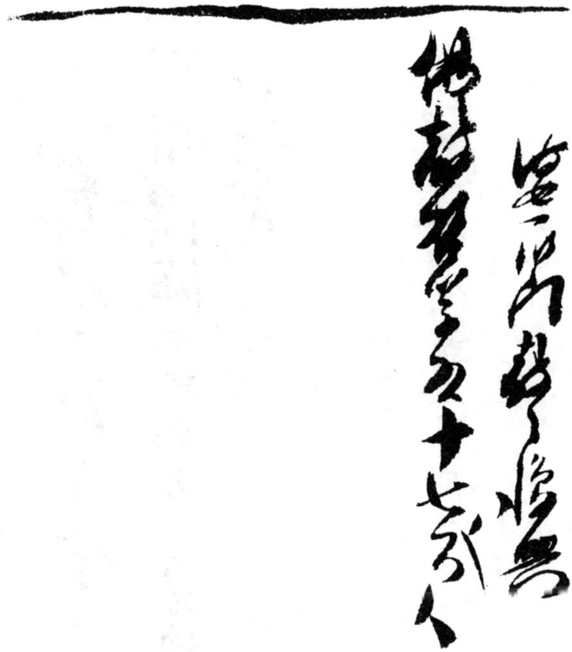

劉歆至作今字人

戒惟詳論苦為若之苦為蒲之說抑言艾人之說

待考

佛典之自保

藏及續藏

佛典凡經論　亦參見　卅一頁

三藏何時始稱大藏的

廿三頁

佛典之庋藏及印刻

廿六頁、、、、

印度梵語佛典之流傳

佛典汎論十八頁

佛典之藏蒙滿譯

佛典汎論十七頁

歐人譯 歐人巴利、梵語之研究

五十七頁

和譯

十八頁

寫經之貝葉

佛典汎論九頁

真如

唐以後此土言佛法者受賢首宗之流毒，奉起信論而爲寶，指不生不滅離言說相離名字相而能生萬法爲真如，與外道自性神梵僅有名相之差，其實則未有異。

真如乃萬法本質之謂　諸行無常——此謂無常之理即真如也

真本無有，待緣始有　萬法生滅　萬法自性本空之理存焉，因遮此理非妄，假說此理爲真如　故真如之言，遮而非表，非

別有理——自性本之空之理也名爲第八生滅之中離生滅

此要無真如

真如亦空本無有之也

於刹正智緣之有何物。以即了宗論第此自性本空泯絶

言說捨之其正量受不起捨滅執 非正智外別有真如也

——義執雜正智外別有真如爲正智所緣即是外道

自性 障爲依他起爲所以執著爲依他自所 無手執障爲依他此 以執障爲依他爲所此即執著

依他也 即所障障所知障正知所以[illegible]無明障 而無[illegible]即不起執 是中性乃圓明之[illegible]

性 謂刹那正智所緣真如爲遍計所執自性相我 執謂性乃圓成依他可知即同我識

外道——不執依他起之[illegible]我執非圓依他起之[illegible]

我此執　七識是八識

常人皆不能對外物執為我　不知念念不住　即似無念　念念相我
即似無我　七識恒審思量　念念相續　俱是我執　[illegible]出語
攝七無果成俾上我執相續乃由信心不未常斷起念行
而修無我誰的誰住誰出誰臥　此即七識之自中

我執乃是真執而來

問萬劫非八識自　若八識審而不恒有間斷

諸法惟依托衆緣而生，故刹那生滅，無作者，無作用，無實自性。此

是爲佛法，背此爲外道

以諸法自性本空，而證空者爲空宗——因緣所生法，我說即是空

以諸法自性本空，而緣生非無——遍計畢竟無，依他如幻有——

是爲有宗

以佛所列八識，第八識之現行種子 種子能生諸法緣生自性

緣（異乎外道無因生果）謂其自性亦空無

種子所生刹那生滅，識知種子亦刹那生滅 非斷 非常——

然則無一非緣生，無一非生滅

宗教

凡鄉計居更錢　為說五人循例年歲
此事計乃更卒　說而言陰役士種
兩宮　說據錢當送官者例
好據證言但應有例　謝稱居陰謀以隨官　權之
其證亡戚之徒
鄉境是之畢竟無物徵其如何　錢者是由計無所證
其為他有

積集—心八
思量—意七
了別—識前六
能緣—用本作之異說

又云 此界 —自然 實乃無體
識達—了

未起心種—於本識—生現
現自識—謝滅後、習—種子識內—現量

眼根—攝取境
緣事—依倚
所見物—由境（影像）
可緣和合生為心眼

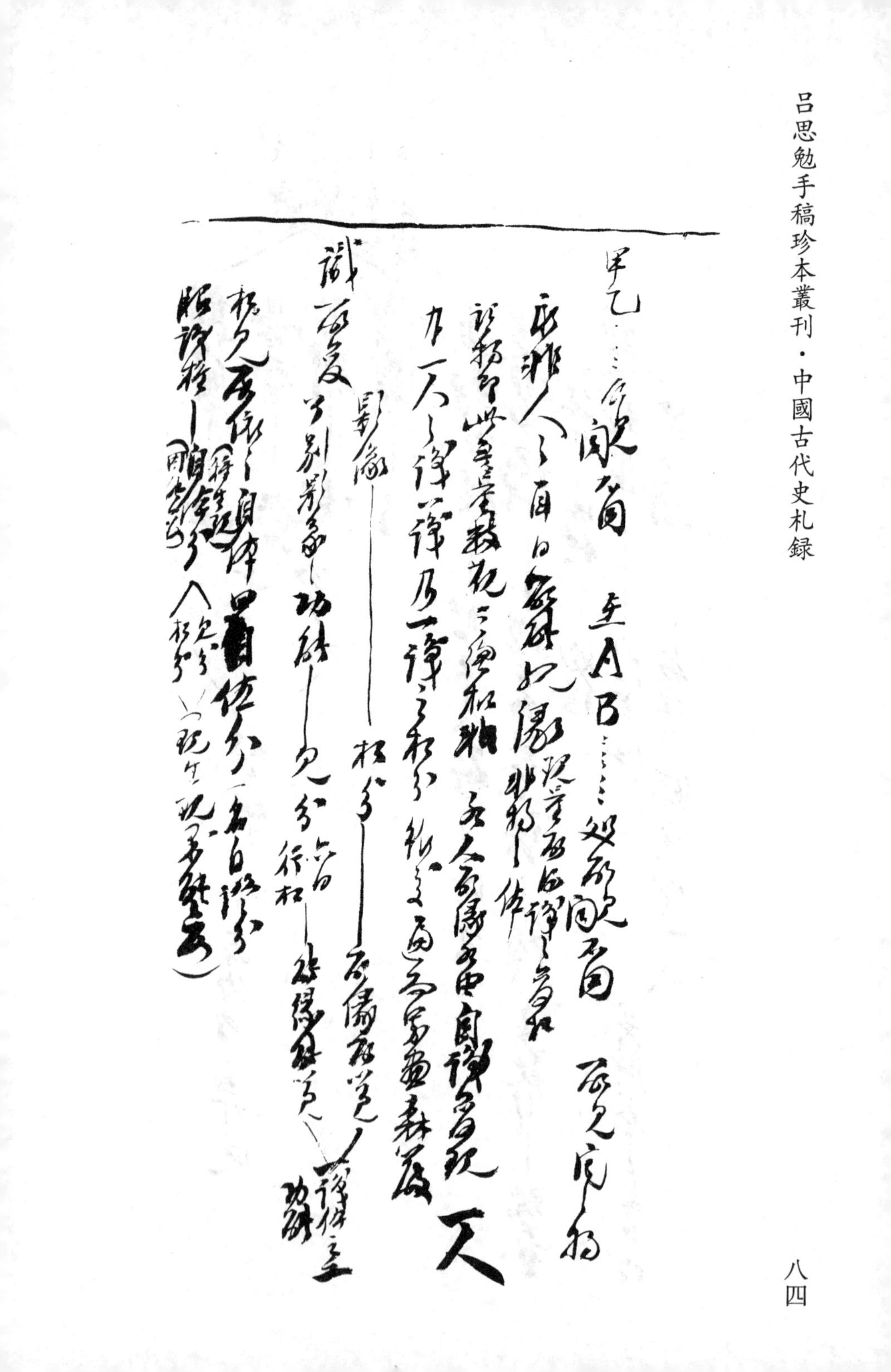

我言耳目……不是眼識耳識依之發生而識發現以之為緣
眼耳識未起時耳目亦不名之為緣耳
意識為能分別執取見聞者耳　執見聞為耳目之作用——尤誤甚
是是甚大功能　不能作此矣

樸素實在論者以為所見即物自體　小乘正量部同此
眼唯見色耳有聲音……
諸識和合所得　一一根其境之交互何和合
且極當則世間之事　亦較小進矣　隨其識明暗　其別
於外隨緣發現了
不覺不知　自覺之云云與與亦名覺也　此且廿罷

言心識緣附 指色 不指色法 指心 遍計所執相——龜毛兔角

本以

色、聲、臭、味……第二次質性——存乎心意——譬喻

大小、厚薄……第一次質性——本物本性——本質應自有

亦非假見——無[illegible]之等

第一 神 第二 存之

識 印年月 好知第一 依第二 依之 親乎計度

唯我論 此曰 心外之境 存乎吾之知 存乎吾所知 則特於外 無本質矣

一切唯識造 則一己外更無他心 則一切有可否認之 唯識

論之一難 即為唯識所無從解求

一、就第六識、言六識者識家ニ許有本質麁　非本質麁非
六識所縁ノ上ノ六識ニ相分
雑ニ名為所縁境　識外所縁境　何ニ雑識
但眼根　種　如ク色心如大風非　持指言物指出の時　六種　依非能起其本質生体依等
色聲香味觸　造色種
色ヲ從[redacted]観因縁自種子所生以下種々從上縁而現ノ為
帶在現ル相ノ　地　風大為現　故由而現大ニ種依　火大為ノ相用
風吹　鑠ニ不　地

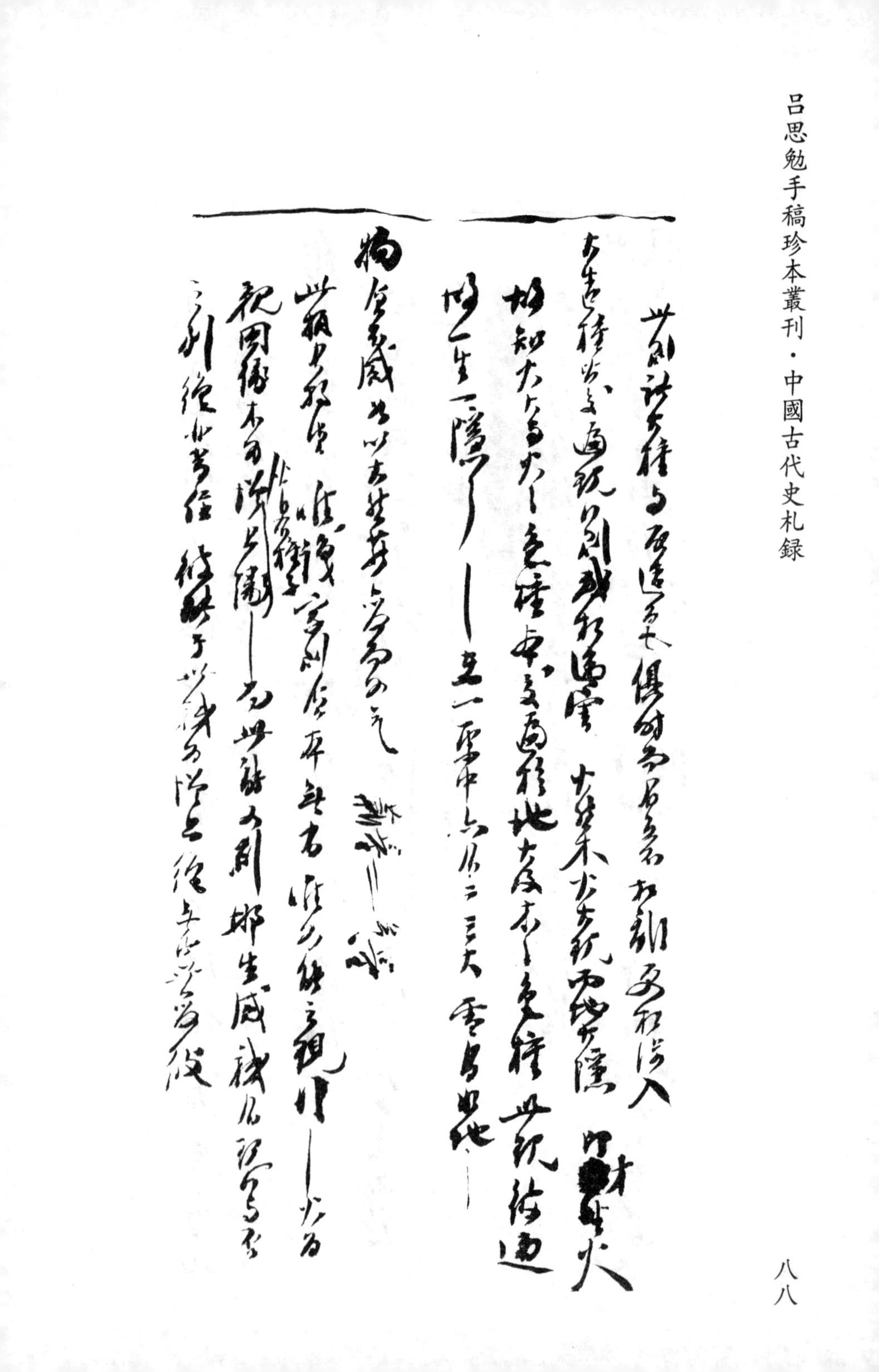

世說[illegible]入

[illegible]

始知[illegible]

[illegible]

[illegible]

世說[illegible]

[illegible]

[illegible]

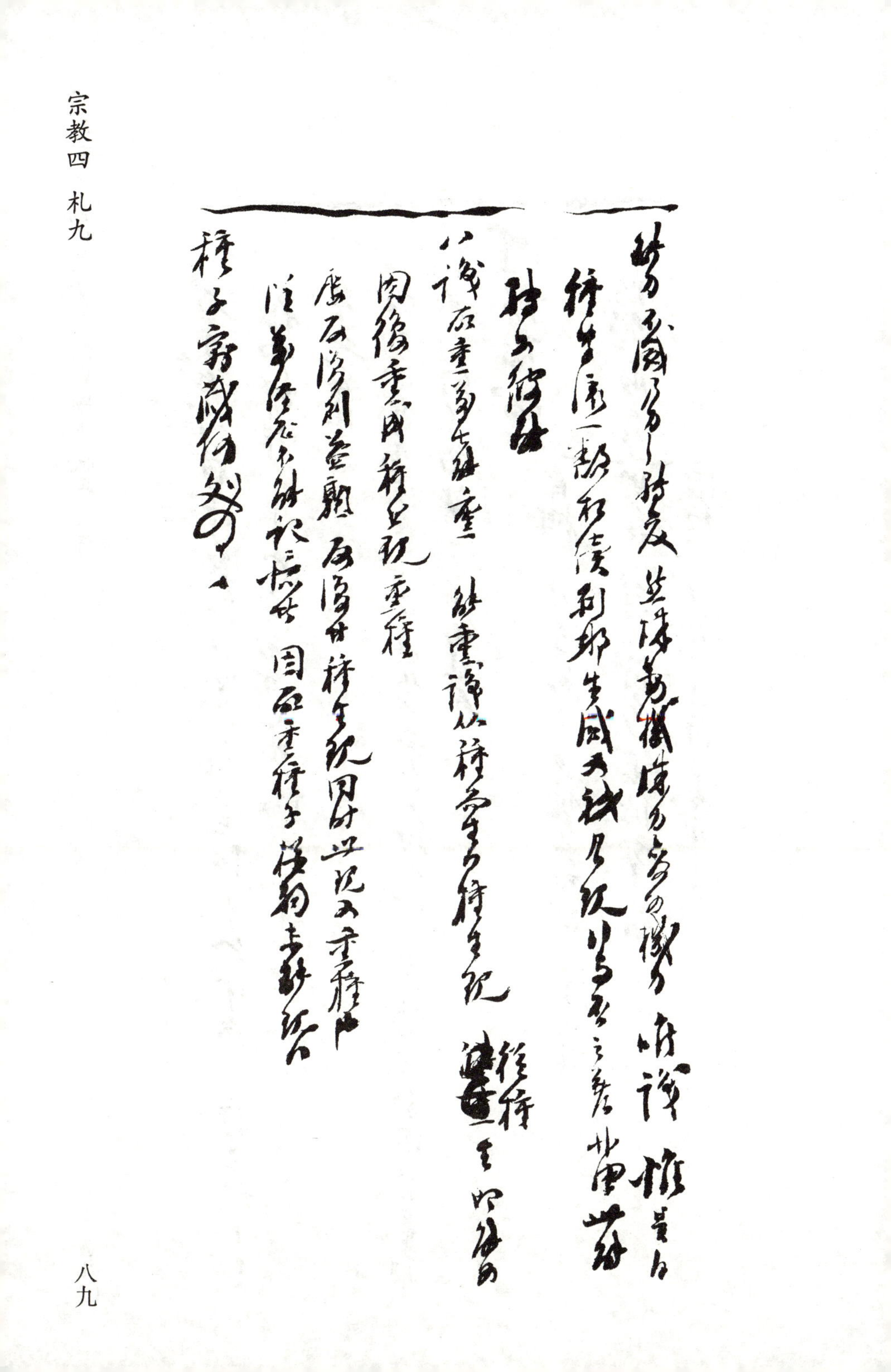

[illegible]

或說稱(?)熏種子之功能　此則(?)種子生(?)相于現(?)　甲(?)亦(?)未(?)得(?)于(?)現(?)之(?)

根本種子——字(?)亦謂(?)之可(?)熏(?)

生(?)為(?)習(?)氣(?)

所知中之為(?)……其(?)見(?)在(?)者(?)之種子(?)皆(?)具(?)此(?)家(?)何(?)所(?)為(?)果(?)相(?)

藏(?)自(?)種子之功能　此功能(?)

阿賴耶識

阿賴耶識三相

- 自相　由(?)攝(?)藏(?)自(?)身(?)種子與(?)一切種子之功能
- 果相　種子薰為(?)　異(?)熟(?)窟(?)宅(?)
- 因相　執持諸種子令不失

一 此禪無處——處謂界地

記性——記謂善惡 十禪[illegible]

[illegible]爲現行[illegible]樂得[illegible]修其數

阿[illegible]那禪之稱有見大論八陰作禪論之數十種

稱說名相勸和讀者 [illegible]夫於[illegible]相[illegible]邪師說

亦偏具之稱之現行 六道之流生死流轉未由自業非一也

人家[illegible]誤爲增上 [illegible]集[illegible]積聚了隨以[illegible]

其根據

阿賴耶識所持色種內外及根身器界

[illegible]

即以自所變為自所緣見分依之而起

[illegible]

六識親所緣者唯是自識所變相分

所託本質雖在六識之外非六識所能親取然為

八識相分仍在識內非居識外

故曰一切唯識

若先有分别著相而行，之後雖當現（所謂斯事分别已有而知其意）然人須作一番分别功夫

作修行之徹，以分别而有修自性，應對根本蕴於平等

阿賴耶識居下，此之見聞所同，妄念所惑即亦不能制了　則知不同別其自識故

[illegible]成就矣

第廿九冊二五十[illegible]　第廿一冊十[illegible]

其和好作以其分别修之也

佛家以為人生問題與宇宙問題
以為非先解決宇宙之問題[illegible]
宇宙即人生也

松内學院法務董思傳啟

東方21 19

擬歷代錢幣制

東方文明

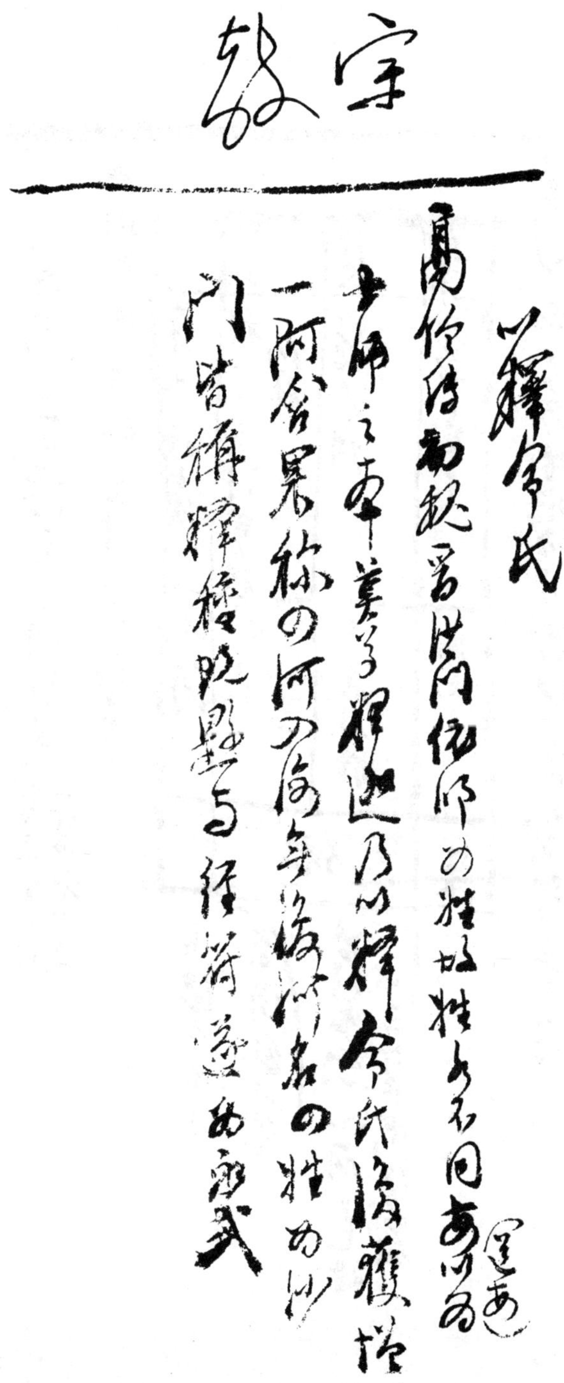

蓋與關其生活之何須覺

草木生長 之業不斷變遷

古用之 故作具何故作具之原爲精密

草木生菌	人菌	
作料 稻子及必用其料之物料	工師	衞
作具 不須其料	其具材料	
作業 長成之草木	物品	罪

兼得食物者

原須材料之原

其先以所造成

此之材料其原者

蓋別爲人各成其生活之而得成於其起初之自性

佛學

羅典寶山

合淨土祥寶函一

紳從之縣

吳人彭泉

薛卿子

謹具

東方21 10

古貴名稱屋然並亦植藏贊之蘇積金新序

據中華本上卷十七

庚子年春五代[illegible]胡[illegible]錢養後

宗教

「[illegible]羅嘢」

[illegible]

[illegible]

彥學三識載佛國序之年

中國古書研究法例

宗教

如來禪與祖師禪

以偈寫出　三三·二　又五五·二

教宗

[illegible]女真[illegible]會史[illegible]張[illegible]時[illegible]往之害[illegible]

[illegible]謀不執上[illegible]南方[illegible]何以[illegible]

手類之誼假託釋道以好[illegible]人[illegible]知[illegible]

[illegible]女[illegible]附會同寺僧[illegible]智勤與智[illegible]記蓮華經[illegible]載

[illegible]佛出[illegible]心經有梵想究竟[illegible]

[illegible]經文[illegible]知[illegible]有[illegible]

記[illegible]歷[illegible]

以十一年十月十七日[illegible]

[illegible]道教[illegible]祖[illegible]

小楷[illegible]以備見矣又張[illegible]宗[illegible]

[illegible]曰[illegible]有[illegible]

[illegible]宗[illegible]壽[illegible]

[illegible]二年[illegible]知[illegible]

[illegible]

[illegible]

宗教

一、奉嘉納先生之函
[illegible]弟子二人在近中來朝會 住持[illegible]宗寺 [illegible]倫
[illegible]自今以後宗乘[illegible]以宗[illegible]請[illegible]共二邦之[illegible]
[illegible]物寶[illegible]譯[illegible]歲佛[illegible]
同人認[illegible]是以[illegible]布の[illegible]

姓字

活佛　葛祖　姓邵

活佛係指前身再世之人　大約係指葛祖　多圖之關葛祖皆由陰出

西來　又大約為姓邵　又大約為喇嘛達剌麻　乃由拉薩者否

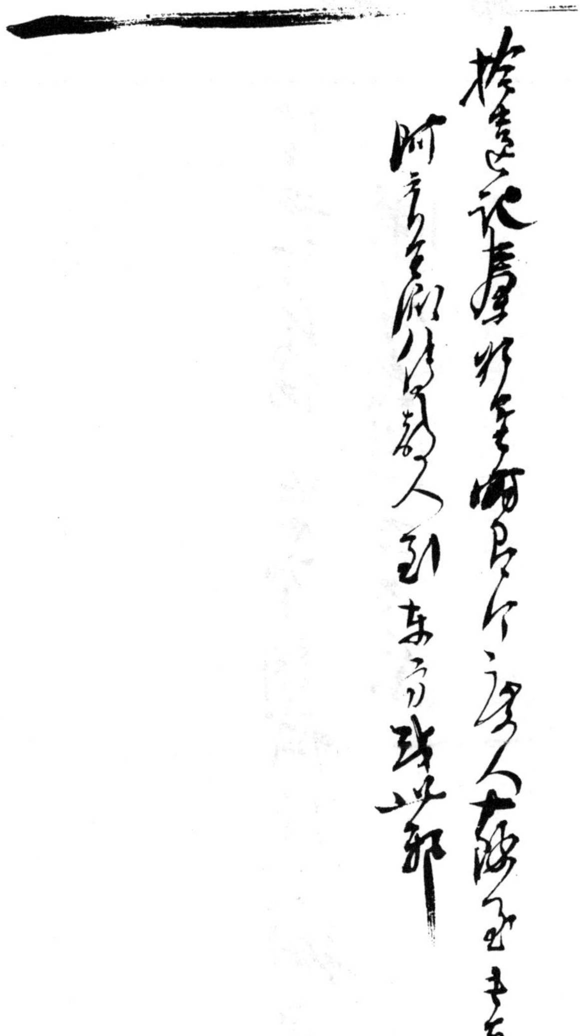

校補

清[illegible]學翻試作之劉[illegible]是[illegible]

[illegible]民國三十七年

故

蔣高枝

喇嘛教入寺內

清佛道要旨 69—65

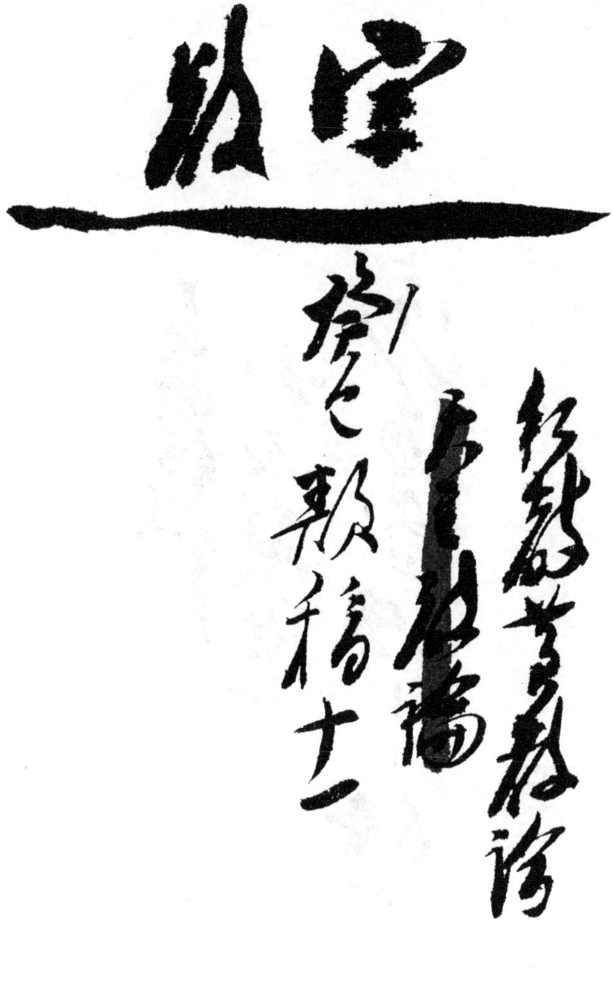

補叙

蒙古庫倫考謂喇嘛教入蒙古始于宗[redacted]闊端○其說云○烏格德依即太宗二子○長庫裕克即定宗○次庫騰
元史之闊端庫裕克以癸巳年即汗位在任六月○是年即歿庫騰以甲
午歲即汗位○乙未○因號[redacted]隆嵩覺生病○多人瞻視不能痊愈○因謁延
喇嘛薩沼○帕克巴ゝ喇嘛察特着○生于壬寅至戊辰年二十七歲往
家領納特阿克與大道ゝ師異端辯難窮其詞○獲班第達之號○并赤
父札克巴喜加勒燦ゝ喇嘛告之曰○東方有蒙古國君庫騰○使召
迎象達比請○以ゝ大經寄于[redacted]值慶大興佛教○及見庫騰即承使
ゝ達延請時帕克巴ゝ喇嘛察特年止十三矣○以甲辰年起程至

丁未年六十六歲。與汪相見。遂成師弟。初觀音時服龍王。何與汪[illegible]頂。頂刻一篇。於是遂頓悟已。入[illegible]之言。[illegible]古如方創興佛教。案[illegible]宗印在宋理宗寶祐六年。乃丙午。非癸巳。[illegible]二年。亦非六月。印度[illegible]疏。不[illegible]橋。其所述[illegible]

佛

非界色無色界

欲界與印度固有之説色界含所謂

實無色此無實

如來藏之說原於補特迦羅所以

以補無我之闕

見印度佛教史略四十頁

四十二章經辨偽

見西域之佛教116至119頁

佛

廿三、五、三，見時事新

宗教佛

圓光

晉書佛圖澄傳：劉曜自攻洛陽。勒將救之。……以訪澄。……令一童子。潔齋七日。取麻油合臙脂。躬自研於掌中。舉手示童子。粲然有輝。童子驚曰。有軍馬甚衆。見一人長大白晳。以朱絲縛其肘。澄曰。此即曜也。此乃至迦葉於印度所稱圓光之術存在甚古。於此考異 廿二丈

宗教（佛）

晉書孝武帝紀大元六年。春正月。帝初奉佛法。立精舍於殿內。引諸沙門以居之。（九上）

又恭帝紀……其後復深信浮屠道。鑄貨千萬。造丈六金像。親於瓦官寺迎之。步從十許里。（十下）

又五行志之序中。京洛童謠曰。南風起。吹白沙。遙望魯國何嵯峨。千歲髑髏生齒牙。又曰。城東馬子莫嚨哅。比至來年纏汝閡。南風。賈后字也。白。晉行也。沙門。太子小名也。魯。賈謐國也。言賈后將與謐為亂。以危太子。而趙王因釁咀嚼豪賢。以成篡奪。不得其死之應也。（廿八下）

又桓石民為荆州。鎮上明。百姓忽歌曰。黄曇子曲中。又曰。黄曇英。揚州大佛來上明。頃之而桓石民死。王忱為荆州。黄曇子乃是王忱字也。忱小字佛大。是大佛來上明也。（卅六 8上）

又石季龍在鄴。有一馬。尾有燒狀。入其中陽門。出顯陽門。東宮。皆不得入。走向東北。俄尔不見。佛圖澄歎曰。災其及矣。逾年而季龍死。其國遂滅。（卅六 20上）

亦見佛圖澄傳東宮上有惠首二字（九五 廿上）

又康獻褚皇后傳。桓溫之廢海西公也。太后方在佛屋燒香（卅二 3上）

又周浚傳子嵩為王敦所害。嵩精於事佛。臨刑猶於市誦經云。（六一 3上）

又簡文三子傳會稽文孝王道子。孝武帝不親萬機。但與道子酣歌為務。姏姆尼僧。尤為親暱。並竊弄其權。……又崇信浮屠之學。用度奢侈。下不堪命。……左衛領營將軍會稽許榮上疏曰。……僧尼乳母。競進親黨。……臣聞佛者。清遠玄虛之神。以五誡為教。絕酗不淫。而今之奉者。穢慢阿尼。酒色是耽。……尼僧成群。依傍法服。五誡麤法。尚不能遵。況精妙乎。而流惑之徒。競加敬事。又侵漁百姓。取財為惠。亦未合布施之道也。……國寶

王即寧范之甥。以諂事道子。寧奏請黜之。國寶懼。使陳郡袁悅之因尼妙音致書與太子母陳淑媛。說國寶忠謹。宜見親信。帝因發怒。斬悅之。國寶甚懼。復譖寧於帝。帝不獲已。流涕出寧為

攝帝大寧。序中书郎……博平令吳興聞人奭上疏曰……尼姏屬

類。傾動亂時。……（六）の六下七上　按晉國寶傳作支拊音乇乇下

又王導傳孫珉字季琰。少有才藝。善行书。名出珣右。足珣珉時人為

之語曰。法護非不佳。僧彌難為兄。僧彌珉小字也。法護珣小字。時有

外國沙門名提婆。妙解法理。為珣兄弟講毗曇經。珉時尚幼。講

未半。便云已解。即於別室與法門法綱等數人自講。法綱歎曰。

大義皆是。但小未精耳。（六）五六上

又郗鑒傳子愔。愔子超。愔事天師道。而超奉佛。愔又好聚斂。積錢

數千萬。嘗開庫任超所取。超性好施。一日中散與親故都盡。（六）

七八上

又王湛傳[illegible]子承，承子述，述子坦之。初坦之與沙門竺法師甚厚。每共論幽明報應，便要先死者當報其事。後經年，師忽來，云：貧道已死，罪福皆不虛。惟當勤修道德，以升濟神明耳。言訖不見。坦之尋亦卒。（四五頁）

又顧衆傳：充何崇信佛教。衆譏其糜費，每以為言。嘗與充同載，經佛寺。充要衆入門，衆不下車。（四六頁）

又何充傳……性好釋典，崇修佛寺，供給沙門以百數，糜費巨億，而不吝也。親友至於貧乏，無所施遺，以此獲譏於世。阮裕嘗戲之曰：卿志大宇宙，勇邁終古。充問其故。裕曰：我圖數千戶郡，尚未能得，卿圖作佛，不亦大乎。于時郗愔及弟曇奉天師道，而充與

與弟準崇信釋氏。謝萬譏之云。二郗諂於道。二何佞於佛。（七七上）

又蔡謨傳。彭城王紘上言。樂賢堂有先帝手畫佛象。經歷寇難。而此堂猶存。宜敕作頌。帝下其議。謨曰。佛者夷狄之俗。非經典之制。先帝量同天地。多才多藝。聊因臨時。而畫此象。至於雅好佛道。所未承聞也。盜賊奔突。王都隳敗。而此堂塊然獨存。斯誠神靈保祚之徵。然未是大晉盛德之形容。歌頌之所先也。人臣睹物興義。私作賦頌可也。今欲發王命。敕史官。上稱先帝好佛之志。下為夷狄作一象之頌。於義有疑焉。於是遂寢。（七七上）

又王恭傳。尤信佛道。調役百姓。修營佛寺。務在壯麗。士庶怨嗟。臨

附稽補佛徒（卷の廿五）

又條我照王傳李國字玄璽遺落人，黃始梁興百川年表詳釋……又以業教赤根。遵沙門法象冒引章叔。（卷七五）

又藝術傳鮑靚……東海人也。年五歲，謂父母云：本是曲陽李家兒。九歲墜井死。其父母尋訪得李氏。推問，皆符驗。（卷九五）案此輪迴之說，已是佛家轉生之說

胡僧爲西胡所信者。見於晉書藝術傳者有佛圖澄初投石勒大將軍郭黑略家，後爲勒及虎所信；鳩摩羅什爲呂光所得，後爲姚興所迎；僧涉客苻堅；曇霍客禿髮傉檀。其所傳皆怪異之談也。惟羅什有譯經之事耳（卷九五）

晋书艺术佛图澄传：石勒屯兵葛陂，专行杀戮，沙门遇害者甚众。澄投勒大将军郭黑略家。（九页8页）

又：百姓因澄故多奉佛，皆营造寺庙，相竞出家，真伪混淆，多生愆过。季龙下书料简，其著作郎王度奏曰：佛，外国之神，非诸华所应祠奉。汉代初传其道，惟听西域人得立寺都邑，以奉其神，汉人皆不出家。魏承汉制，亦循前轨。今可断赵人悉不听诣寺烧香礼拜，以遵典礼。其百辟卿士下逮众隶，例皆禁之。其有犯者，与淫祀同罪。其赵人为沙门者，还服百姓。朝士多同度所奏。季龙以澄故，下书曰：朕出自边戎，忝君诸夏，至飨祀，应从本俗。佛是戎神，所应兼奉。其夷赵百蛮有乐事佛者，悉听之。（九页9页）

晉書藝術佛圖澄傳：勒愛子斌暴病死，將殯，勒歎曰：朕聞虢太子死，扁鵲能生之。今可得效乎。乃令告澄。澄取楊枝沾水，灑而咒之，就執斌手曰：可起矣。因此遂蘇。有頃平復。自是勒諸子多在澄寺中養之。虎尤甚。蓋此可見其子習見佛徒

又鳩摩羅什傳：天竺人也。世為國相。父鳩摩羅炎，聰懿有大節，將嗣相位。乃辭避出家，東度葱嶺。龜茲王聞其名，郊迎之，請為國師。王有妹，年二十，才悟明敏。諸國交聘，並不許。及見炎，心欲當之。王乃逼以妻焉。耶羅什母……呂光……伐龜茲……獲羅什，光見其年齒尚少，以凡人戲之。強妻以龜茲王女，羅什距而不受。辭甚苦到。光曰：道士之操，不踰先父，何所固辭。乃飲以醇酒，同

閒密室。羅什被逼遂虧之。……嘗講經於草堂寺。興及朝臣大德沙門千有餘人肅容觀聽。羅什忽下高坐。謂興曰。有二小兒登吾肩。欲鄣須婦人。興乃召宮女進之。一交而生二子焉。興嘗謂羅什曰。大師聰明超悟。天下莫二。何可使法種少嗣。遂以伎女十人逼令受之。爾後不住僧坊。別立廨舍。諸僧多效之。什乃聚針盈鉢。引諸僧謂之曰。若能見效食此者。乃可畜室耳。因舉匕進針。與常食不別。諸僧愧服。乃止。案高僧傳本傳云什為性率達。不拘小檢。傳什其難其難之。可以見其為人矣。又及年七歲。母遂與俱出家。[redacted]……年十二。其母攜到沙勒國。……專以大乘為化。諸學者皆共師焉。年二十。龜茲王迎之還國。

……呂光……伐龜茲。……摩羅什。……羅什之在涼州積年。呂光父子。篡謂既不弘道。故蘊其深解。無所宣化。姚興遣姚碩德西伐。破呂隆。乃迎羅什。待以國師之禮。乃使入西明閣及逍遙園。譯出眾經。羅什多所暗誦。無不究其義旨。既覽舊經。多有紕繆。於是興使沙門僧叡、僧肇等八百餘人傳受其旨。更出經論凡三百餘卷。沙門慧叡。才識高明。常隨羅什[redacted]傳寫。羅什每為慧叡論西方辭體。商略同異。云天竺國俗。甚重文製。其宮商體韻。以入管弦為善。凡覲國王。必有贊德。經中偈頌。皆其式也。羅什雅好大乘。志在敷演。常嘆曰。吾若著筆作大乘阿毗曇。非迦旃子比也。今深識者既寡。將何所論。惟為姚興著實相論二卷。止

（九四 143 15上）

晉書列女傳：時吕紹妻陳氏，亦有操行。年十四，紹死，便請爲尼。吕隆見而悅之，欲穢其行。陳氏曰：欽樂至道，誓不受辱。遂昇樓自投於地。二脛俱折。口誦佛經。俄然而死。（九六 9上）

又西戎傳：龜茲國，其城三重。中有佛塔廟千所。（九七 6上）

又祖約傳：初，逖有胡奴曰王安。待之甚厚。及在雍丘，告之曰：石勒是汝種類。吾亦不在爾一人。乃厚資遣之。遂爲勒將。祖氏之誅也。安多將從人，於市觀省。潛取逖庶子道重藏之。爲沙門，時年十歲。石氏滅後，來歸。（百 9上）

又石季龍載記：安定人侯子光，弱冠美姿儀。自稱佛太子。從大秦

周末。晉王小秦國。易姓名爲李子樓。遊於鄴縣。受李肩家。傭見
其精悍。事微有驗。李肩信敬之。妻以二女。待相扁感。京兆樊經。隱
龍巖隱。謝學子等數十人。於南山子橋樓下築室。建元曰
龍興。李肩與陰爲左右丞相。龍隱爲左右方丈。學子爲方伯
窟。龍西石隙藏形焉。子楊豹與血。十餘日而西龜與羣樓生。彩
（了五）
又：時河間奚進言於李龍曰。嬴運將衰。晉當隆興。宜普役萬人。以
廣其業。李龍於是使爲書涉尊爲上）發男女十六萬。車十萬乘。
運土。築華林苑及長牆於鄴城。廣長數十里。（羽化止）
又：時東南有黃雲。大如數畝。稍分爲三。狀若匹布。東西經天。色

至西喜。國時賛曰。……深以今西七菩。高相去數十丈。有首白雲如魚鱗。子時乃滅。龍事解天文。見西異之。……是夜。龍難女祭處於東明觀。……因留於佛精舍。宣使……移龍。……以（印證）來龍事解天文於占變之驗備迹

又慕容皝載記皝親宮曰和龍。立龍翔佛寺於山上（印證）

時有黑龍白龍各一見於龍山。皝親率群僚觀之。去龍二百餘步。祭以太牢。二龍交首嬉翔。解角而去。皝大悅。還宮。赦其境內

又苻堅載記遊於東苑。命沙門道安同輦。權翼諫曰：……道安毀形賤士。不宜參穢神輿。堅作色曰：安公道冥至境。德為時尊。朕舉天下之重。未足以易之。非公與輦之榮。此乃朕之顯也。命翼扶安升輦。顧謂安曰：朕將與公南遊吳越……安曰……陛下……安曰……可暫幸洛陽……馳……檄……丹陽開其改

造之路名為不度條之所也。梁不納先是景自以深信重之故說安見。主上與高氏有事於東西。與周不可不發其一言也。誠無因此所謂之說。（十一·諸 北）

又梁遣淵、騰都維、徵處士西嘉[illegible]到歙山。既至。梁兵自以嘉興道安樂郡殿。動請於諸問之。（十一·諸 北）遣鄴北路返

又符頵……梁之使見子也。策此人乃請議之誠然則不得日的大都自因鞭散無窮已……則諸方寸心直而佛。（十一·諸 北）

又符至製記。像義白蓮宮所樓。纖麗甚是。將軍之觀。難通觀世音繪像在中。土閣械脫。於重樓之中。若有人導之者。遂奮楊位期。之之以為洛陽宮。（十一·諸 北）

又姚襄载记：襄率众西引，生又遣苻坚、邓羌等要之，襄将战，沙门智圆固谏襄宜厉兵收众，更思后举。襄曰：“二雄不俱立……吾计决矣。”……斩於三原。襄败，为坚所杀。（[illegible]）

又姚兴载记：兴如逍遥园，引诸沙门於澄玄堂听鸠摩罗什演说佛经。罗什通辩夏言，寻览旧经，多有乖缪，不与胡本相应。兴与罗什及沙门僧略、僧迁、道树、僧叡、道坦、僧肇、昙顺等八百余人，更出大品，罗什持胡本，兴执旧经，以相考校，其新文异旧者皆会於理义。续出诸经并诸论三百余卷。今之新经皆罗什所译。兴既托意於佛道，公卿已下莫不钦附，沙门自远而至者五千余人。起浮图於永贵里，立波若台於宫中，沙门坐禅者恒有千

數。州郡化之。事佛者十室而九矣。（姚興）
又曰：興與羣臣於大樓勸殿。沙門賀僧惆泣下，不能自擬，感惶
高。賀僧坊。莫知其所從來也。言事皆有效驗。興以神禮之，常與
議士語人，頗相譏會。見之嗣參來破興（姚興）
又呂光載記：……進攻龜茲城。夜夢金象飛越城外。光曰：此謂佛
神去之，胡必亡矣。（附注）
又曰：右鳩摩羅什言于光曰：……耆婆即羅什之別名也。（注）
又慕容寶載記：遂次參合。忽有大風黑氣，狀若隄防，或高或下，臨覆
軍上。沙門支曇猛言於寶曰：風氣暴迅，魏軍將至之候，宜遣兵
禦之。寶笑而不納。曇猛固以爲言，乃遣麟率騎三萬爲後殿，以

譬如霄。麗以墨標言之處。從騎游獵。備而青霜の塞。日月映照。

見晉紀卯方志。三寶所貴。（引卅三頁上）

又慕容寶載記。熙存民死……今沙門事服（引卅四頁）

又慕容德載記。[redacted]德國德猶豫未決。沙門朗公素知占

候。德因訪其所適。朗曰。敬覽三策。潘尚書因勸取齊豪

傳華勸據彭附慕容當者亦

之議。可謂興邦之術矣。今歲初長星起於奎婁。遂掃虛危。而虛

危齊之分野。除舊布新之象。宜先定舊魯。巡撫琅邪。待秋風戒節。然

後北轉臨齊。天之道也。德大悅。（引錄卅五上）

宋書孝武帝紀。大明六年九月。戊寅。制沙門致敬人主。（引宋紀二頁）南史

又後廢帝紀。七月七日。夜乘露車。從二百許人。無復鹵簿羽儀。往

青園尼寺。晚至新安寺。就曇度道人餞路。停夕投宿。於佛殿
步阿甄幄中臥。因得至天明。天明乃去。
宋書符瑞志。帝嘗行至下邳。遇一沙門。〻〻曰。江表當喪亂。
拯之者君也。帝患手創積年。沙門出懷中黃散一裹與帝。曰此
創難治。非此藥不能瘳也。倏忽不知沙門所在。以散傅創。即愈。
餘散帝寶錄之。西征代戰被傷。通中者。數以散傅。無不立愈。
愈。下冀州有沙門法稱將死。語其弟子普嚴曰。嵩高神告我云。
江東有劉將軍。是漢家苗裔。當受天命。吾以三十二璧鎮金一
鉼與將軍為信。三十二璧者。劉氏卜世之數也。普嚴以告同學
法義。〻〻以十三年七月。於嵩高廟石壇下得玉璧三十二枚。

黄堂一镒。〔金迄〕吴应谨撰。为道人法植所立碑。三十二
叔宗氏下世之龄。世叶卜年之数五。语卜[illegible]世。廿纪大书本。三
十三世。二三十纪六千年。宗氏学帝。至于禅帝。凡六千年。〔宗碑〕
宋为所写。黄巢帝之庙中。象以重谨也。南风亟起。吹白沙。……南
风。宾居寄也。白。当门也。沙门。大子小者也。〔出止〕
又植石民为荆州镇。其后民思慕之。黄墓子。出镜不见。黄墓英。扬
州大佛寺其后。时之西石民死。王忱为荆州。黄墓子乃置五十丈
之寄也。忧小寄佛大。置大佛寺其后也。〔出止〕
又习凿齿时民谣诗云。……又诗云襄阳道人从岩林所作务
所道门于〔出〕〔迄止〕

宋書劉粹傳 高祖即位，遷……雍州刺史、襄陽新野二郡太守。在任簡役愛民，罷諸沙門二千餘人，以補府史。

宋書王懿傳 字仲德，兄叡，字元德。兄弟名犯晉宣元二帝諱，並以字稱。苻氏之敗，仲德年十七，與兄叡同起義兵，與慕容垂戰敗，仲德被重創走，與家屬相失。路經大澤，不能前，困臥林中。有青衣童兒騎牛行，見仲德，問曰：食未？仲德告飢。兒去，須臾復來，得飯與之。仲德食畢，欲行，會水潦，莫知所濟。有一白狼至前，仰天而號，號訖，銜仲德衣，因渡水，仲德隨之，獲濟，與叡相及。渡河至滑臺，……仲德三臨徐州，威德著於彭城，立佛寺，作白狼童子像於塔中，以河北所遇也。……卒。……以桓敬為白狼童子壇，每祭必相應。

宋书张邵传：子敷，迁江夏王义恭抚军记室参军。义恭就文帝求一学义沙门。会敷赴假江陵。入辞。文帝令沙门往。僧思（道）中可与言晤。敷不奉诏。上若不悦。（宋六十二）（南史三十二）

畅，邵兄伟之子，浩之弟。

淹……东阳太守。逼郡吏烧臂照佛。百姓有罪，使礼佛赎罪。动至数千拜。（宋六十二）（南史三十二）

张畅自有传在五十九，不应於其父传目查。

八书错误殊人，以为北史补其多之之，指法敷六月看付在宋二。

宋书刘敬宣传：……八岁丧母。……四月八日，敬宣见众人灌佛。乃下头上金镜，以为母灌，因悲泣不自胜。（宋四十七）（南史十七）

宋书垣护之传：伯父遵……子阆，元嘉中为员外散骑侍郎。母墓为东阿寺道人昙洛等所发。阆与弟殿中将军闳共杀昙洛等五人。诣官归罪。见原。（宋五十）

宋書宗室傳：臨川烈武王道規無子，以長沙景王第二子義慶為嗣。義慶為性簡素，寡嗜欲，愛好文義，文辭雖不多，然足為宗室之表。受任歷藩，無浮淫之過。唯晚節奉養沙門，頗致費損。

南史宋宗室及諸王傳注

宋書褚叔度傳：長兄秀之，秀之弟淡之。高祖將殺，不欲遣人入內。令淡之兄弟視褚后。秀之、淡之、褚后出別室相見。兵人乃踰垣而入。進藥於恭帝。帝不肯飲，曰：佛教自殺者不復得人身。乃以被掩殺之。見南史褚裕之字叔度傳，共此。

宋書蔡興宗傳：興宗出為太守。郡屬多州。經途莫不嗟驗。先是興宗納何后寺尼智妃為妾，姿貌甚美，有名京邑。迎車已去，而師伯饋。師伯嘗遣人傳之。僧律載郎。興宗迎人不覺。及興宗被徙。論者並云由師伯。師伯甚病之。法興等既不能以徙大臣為名。師伯乃白上息物議。由此停寢。（宋七）（南史廿九）

宋書謝弘微傳：居身清約。器服不華。而飲食滋味。盡其豐美。兄曜……卒。弘微蔬食積時。哀戚過禮。服雖除。猶不噉魚肉。沙門釋慧琳詣弘微。弘微與之共食。猶獨蔬素。琳因曰。檀越素既多疾。頃者肌色微損。即吉之後。猶未復膳。若以無益傷生。豈所望於得理。（宋五八）（南史廿）

宋書張暢傳：子浩……弟淹……東陽太守。逼郡吏燒臂照佛。民有罪。使禮佛。動至數千拜。（宋五九）

宋書范泰傳：暮年事佛甚精。於宅西立祇洹精舍。（六十）（南史卅三上）

宋書武三王傳：廬陵孝獻王義真，聰明愛文義。而輕動無德業。與陳郡謝靈運、琅邪顔延之、慧琳道人並周旋異常。云得志之日，以靈運、延之爲宰相，慧琳爲西豫州都督。（六一）（南史宋宗室及諸王傳（十三上））

宋書張敷傳：江夏王義恭鎮江陵，以爲撫軍功曹記室參軍。時義恭就太祖求一學義沙門。比沙門求見者甚衆。會敷赴假還江陵。太祖謂沙門曰：張敷應西，當令相載。及敷將行，上謂曰：撫軍須一意懷道人，卿可以後舫載之，道中可得言晤。敷不奉旨，曰：臣性不耐雜。上甚不説。（六二）

宋書王華傳：父廞。……居在吴。晉陵安初，王恭起兵討王國寶，時

嚴丁母憂去宗。慕機令起之。嚴即歎服應之。……周寶既死。慕
機嚴起兵之際。各所[redacted]誅戮。知是不復得已。因學無以討慕為名。
慕遣劉宗之擊嚴。嚴之敗走。不知所在。子孝慕為慕所殺。其時年
十三。孝儀南奔軍中。與嚴相失。隨沙門釋曇冰。孝儀遊靈……
……（宋書三十五）述

宋書謝靈運傳。太守孟顗事佛精懇。而為靈運所輕。嘗謂顗曰。
得道應須慧業文人。生天當[redacted]在靈運前。成佛必在靈運後。
顗深恨此言。會稽東郭有回踵湖。靈運求決以為田。太祖令州郡
履行。此湖去郭近。水物所出。百姓惜之。顗堅執不與。靈運既不
得回踵。又求始寧岯崲湖為田。顗又固執。靈運謂顗非存利民。

正虞沈昭多害生命。言論毀傷之。欲遂擯斥（宋書傳）〔南史十九9上〕

弘

謹臣照按文人，本作文人……稱顏也……南史本作文人

宋書武二王傳彭城王義康出鎮豫章……出如道沙門釋慧琳

視之。義康曰。弟子有還理不。慧琳曰。恨公不讀數百卷書。（宋書）

二十八年。太祖遣中書舍人嚴龍齎藥賜死。義康不肯服藥。

曰。佛教自殺不復得人身。便隨宜見處分。乃以被掩殺之。（南史宋宗室及諸王傳十三下）

宋書范曄傳有法略道人。先爲義康所供養。粗被知待。又有王國

寺法靜尼。亦出入義康家內。皆感激舊恩。規相拯拔。並與熙先

往來。使法略罷道。本姓孫。改名景玄。以爲臧質寧遠參軍。熙先

善於治病。兼能診脈。法靜尼妹夫許耀。領隊在臺。宿衛殿省。嘗

有疾。因法静尼就熙先乞治。为合汤一剂。耀疾即损。耀自往酬谢。因成周旋。熙先以耀胆干可施。深相待结。因告逆谋。耀许为内应。豫章胡遵世。藩之子也。与法略甚款。亦密相酬和。法静尼南上。熙先遣婢采藻随之。付以笺书。陈说图谶。法静还。义康饷熙先铜匕、铜镊、袍段、棊奁等物。熙先虑事泄。鸩采藻杀之。（宋六九范晔）

寄书与王。付南平穆王铄……指踪画……图……孙歘……毁佛浮图。取金像以为大钩。施之冲车端。以牵楼堞。城内有一沙门。颇有机思。辄设奇以应之。（宋七七）　案金像当系金铜

又始安王休仁。上既杀休仁。……与诸方镇及诸大臣诏曰。……后来弟始。积日失适。……余时意既苞愍。意不欲见外人。遂之

所傳。亘言善處。休仁頗閑知方便。使量度道人及婆彥遠處

求祈臧。覘其起居。及其所啟。皆非實事。（七六下）

宋書顔延之傳。時沙門釋慧琳。以才學爲文帝所賞愛。頗預政事。參與之謀。每召見。常升

獨榻。延之甚疾焉。因醉白上曰。昔同子參乘。袁絲正色。此三台

之坐。豈可使刑餘居之。上變色。（七三下）（南史卅四上）

宋書臧質傳。柳元景檄書。稱妾百房。尼僧千計。敗道傷俗。悖亂人

神。（七四上）

宋書沈攸之傳。攸之將發江陵。使沙門釋僧粲筮之。卦不至郢都邑。

攸之自郢州回還。意甚不悅。（七四下）（南史卅七上）

宋書王僧達傳。……太祖……妻以臨川王義慶女。……擢授廣

先是何尚之致仕。復膺朝命。於宅設八關齋。大集朝士。自行香。次至僧達曰。願郎且放鷹犬。勿復游獵。僧達答曰。家養一老狗。放無處去。已復還歸。尚之失色。（弘之）

大。與閭里少年相馳逐。又躬自屠牛。義慶聞如此。令圍捉沙門慧觀造而觀之。僧達陳書滿席。與論文義。慧觀酬答不暇。深相稱美。（七五上）……為……吳郡太守。……吳郭西臺寺多富沙門。僧達求須不稱意。乃遣主簿顧曠率門義劫寺內沙門竺法瑤。得數百萬。（七五の下）（弘之）大明……（中畧）……二年。遷中書令。先是南彭城蕃縣民高闍。沙門釋曇標道方等共相誑惑。自言有鬼神龍鳳之瑞。常聞簫鼓音。與秣陵民藍宏期等謀為亂。又要結殿中將軍苗允。員外散騎侍郎嚴欣之。司空參軍闞千纂。太宰府將程農王恬等。謀剋二年八月一日夜起兵攻宮門。晨掩太宰江夏王義恭。分兵襲殺諸大臣。以闍為天子。事發覺。凡黨與死者數十

人。從達廣陵，稱道。卜以幻術惑人心。因高闍事陷之。……於獄

陽死。（四五下）（五下）

崇。有顏蕘傳。初沙門釋僧會，粗有學義。謂蕘曰。異道難見讖記。當

有真人之符。名稱次第。當在殿下。蕘在彭城嘗向親人敘之。言

遂宣布。聞於太祖。以為巫蠱事已著。於上不加推鞫。蕘仕世祖

（七五下）（南史卅四）（五下）

宋。有王玄謨傳。及大舉北伐。以玄謨為寧朔將軍。前鋒入河。受輔

國將軍蕭斌節度。……圍滑臺。……拓跋燾軍至。……奔退。……

……蕭斌將斬之。沈慶之固諫。……乃止。初玄謨始將見殺。夢人

告曰。誦觀音經千遍則免。既覺。誦之得千遍。明日將刑。誦之不

暇。忽傳呼唱停刑。（又六五〇上）南史十 六 5下

宋書蕭思話傳：元嘉……二十八年。已命司馬順則詐稱晉室近屬。自號齊王。聚衆據梁鄒城。又有沙門。自稱司馬百年。號安定王。已命秦凱之祖元明等。亦據村屯。以應順則。（卷七六下）

宋書文五王傳竟陵王誕：還鎮廣陵。……大明二年。發民築治廣陵城。誕循行。有人干輿揚聲大罵曰。大兵尋至。何以辛苦百姓。誕執之。問其本末。答曰。姓夷。名孫。家在海陵。天公去年與道佛共議。欲除此間民人。道佛苦諫得止。大禍將至。何不還入六慎門。誕問六慎門云何。答曰。古時有言。禍不入六慎門。誕以其言狂悖。殺之。（卷七九〇上）

宋书文五王传桂阳王休范，"太宗尝指左右人谓王景文曰：休范人才不及此，以我弟故，生便富贵。释氏愿生王家，良有以也。"（已九郎）

宋书周朗传，"世祖即位，……时普责百官谠言，朗上书曰：……自释氏流教，其来有源，渊检精测，固非深矣。舒引容润，既亦广矣。然习慧者日替其修，束诫者月繁其过，遂至糜散锦帛，侈饰车从。复假粗医术，托杂卜数，延姝满室，置酒浃堂，寄夫托妻者不无，杀子乞儿者继有。而犹倚灵假像，背亲傲君，欺费疾老，震损宫邑。是乃外刑之所不容戮，内教之所不悔罪，而横天地之间，莫不纠察。人不得然，岂其鬼欤。今宜申严佛律，裨重国令。其疵瘢顯著者。患皆餘（贅？）盧。除（餘？）則隨其執行。可謂之條。使禪義經通。人於其一。食不過（蔬）。衣不出布。若應更度者。則令先習義行。本其神心。尚於草屬人天。竦精以往者。確僕至家子。亦不宜拘。（一六二下）

宋書鄧琬傳：郢州行事張沈。偏竟陵太守丘景先聞絕。棄郡為沙門逃走。追禽伏誅。子勛之敗（一六四下）

宋書孔覬傳：張淹自軍上饒路。聞劉胡敗。軍副鄱陽太守費曇郡斬之。詐云得鄧琬信。見宜諮議。詐因此斬淹。以書示佛。方標佛不日時遣暴曇像讒云擒虎。備大鼓及仗士二百人。偽信而與之。暴國豪家入山。僧士行禁。攜書更建城而。鳴鼓吹唱。旦東趨城。

城門守衛，意多依觀之。異者來寓入，俺乃行佛，因雜走出。因別前。（前兮16上）

宋世子鑄文六銅像於瓦官寺。既成，面恨瘦。工人不能改，乃迎顒看之。顒曰：非面瘦，乃臂胛肥耳。及減臂胛，瘦患即除。無不歎服。（南史隱逸傳七五5下）

宋世舊無周傳，經所將軍吳隱子也。子文殊。居善首者傳。寫事事佛。凡所求願之事。……諸國傳曰。書於繒縑。而見人為其象。若使全國一人。則立於所議。若使人人等分。不專可避恥。寺籍既立。自寶意借像歸。由此國秩不復可問。爾已從（南史十10上）雕識過人。嘗三千沙門開基石。足述無殊失。

宋書隱逸傳戴顒……不違……自漢世始有佛像。形制未工。逵特善其事。顒亦參焉。（九三上）宗炳乃下入廬山。就釋慧遠考尋文義。（四上）雷氏……殘。嫡家了通去。既而擬嬰殘遊情顏

釋。詣沙門釋慧遠問死生之分。未易可詳。三復覆蕪，方於舊處。（南史隱逸傳七五3上）

四　周續之，豫章太守范甯於郡立學……續之年十二詣甯受業。居學數年，通五經，並緯候。名冠同門，號曰顏子。既而閑居讀老易。入廬山事沙門釋慧遠。（注）

孔淳之，所居會稽剡縣，性好山水，每有所遊，必窮其幽峻，或旬日忘歸。嘗遊山，遇沙門釋法崇，因共留止，遂停三載。……及淳之還，不告以姓。（注）

沈道虔，累世事佛，推父祖舊宅為寺。至四月八日，每請像。請像之日，輒舉家感慟焉。道虔年老菜食。……（注）

雷次宗，少入廬山，事沙門釋慧遠。……（宋九三）與子姪書，以言所守，曰：……暨於弱冠，遂託業廬山，逮事釋和尚。（注）

關康之，嘗就沙門支僧納學算，妙盡其能。（宋九三）南史學字下有算字。（宋九三）

宋書索虜傳：其年大舉北討。……有司又奏軍用不充。揚、南徐、兗、
江四州富有之民。家資滿五十萬。僧尼滿二十萬者。並四分換
一。過此率討。事息即還。文帝時

宋書夷蠻傳：南夷林邑國、扶南國。西南夷訶羅陁國、呵羅單國、
媻皇國、媻達國、闍婆婆達國、師子國、天竺迦毗黎國、
斤陁利國、婆黎國。凡此諸國。皆事佛道。佛道自後漢明帝法
始東流。自此以來。其教稍廣。自帝王至於民庶。莫不歸心。經詭
譎。訓義深遠。別為一家之學焉。元嘉十二年。丹陽尹蕭摩之
奏曰。佛化被於中國。已歷四代。形像塔寺。所在千數。進可以擊
心。退足以招勸。而自頃以來。情敷浮末。不以精誠為至。更以

中天竺國

奢競由來。舊宇頹弛，曾莫之修。而各造新構，以相誇尚。甲第顯宅，於茲殆盡。材竹銅綵，糜損無極。無關神祇，有累人事。建中越制，宜加裁抑。不為之防，流遁未息。請自今以後，有欲鑄銅像者，悉詣臺自聞。興造塔寺精舍，皆先詣在所二千石通辭，郡依事列言本州。須許報，然後就功。其有輒造寺舍者，皆依不承用詔書論。銅宅林苑，悉沒入官。詔可。又沙汰沙門，罷道者數百人。世祖〔孝武〕大明二年，有曇標道人與羌人高闍謀反。上因是下詔曰：佛法訛替，沙門混雜，未足扶濟鴻教，而專成逋藪。加奸心頻發，凶狀屢聞，敗亂風俗，人神交怨。可付所在，精加沙汰。後有違犯，嚴加誅坐。於是設諸條禁，自非戒行精苦，並使還俗。而諸寺尼。

出入宫掖。交关妃后。此刘贯不才川。先是晋世庾冰始创议欲使沙门敬王者。后桓玄复述其义。并不果行。大明六年。世祖使有司奏……臣等参议。以为沙门接见。比当尽虔礼敬之容。依其本俗。则朝徽有序。乘方兼遂矣。诏可。前废帝初复旧。世祖宠姬殷贵妃薨。为之立寺。贵妃子子鸾封新安王。故以新安为寺号。前废帝杀子鸾。乃毁废新安寺。驱斥僧徒。寻又毁中兴天宝诸寺。太宗定乱。下令曰……可招集旧僧。普各还本。并使树官。随宜修复。宋世名僧有道生……立顿悟义。时人推服之。元嘉十一年卒于庐山。沙门慧琳为之诔。慧琳……为庐陵王义真所知。尝著均善论。……论行于世。旧僧谓其贬黜释氏。欲加擯斥。太祖見論賞之。元嘉中。遂參權要。朝廷大事。皆與議焉。賓客輻湊。門車常有數十兩。四方贈賂相係。勢傾一時。注孝經及莊子逍遙篇。文論傳於世。又有慧嚴慧議道人。並住東安寺。學行精整。為道俗所推。時鬬場寺多禪僧。都邑為之語曰。鬬場禪師窟。東安談義林。世祖大明四年。於中興寺設齋。有一異僧。衆莫之識。問其名。答言名明慧。從天安寺來。忽然不見。天下無此寺名。乃改中興曰天安寺。大明中。外國沙門摩訶衍苦節有精理。於衆經多出新經。勝鬘經尤見重內學。（宋九七上）（南史夷貊上）（僧七八作）著均善論。設為白學先生黑學道士雜問。黑曰。周孔為教。正及一世。不見來生。白曰。要天堂以就善。曷若服義而蹈道。懼地獄以

方筵七八座。上恒滿。琳著高屐。披貂裘。置通呈書佐。權侔宰輔。會稽孔覬嘗詣之。遇賓客填咽。暄涼而已。覬慨然曰。遂有黑衣宰相。可謂冠屨失所矣。

敕身。孰與從理以端心。禮拜以求免罪。不由祗肅之意。施一以
徼百倍。弗乘無恡之情。美泥洹之樂。生耽逸之慮。贊法身之妙。
肆好奇之心。近欲未弭。遠利又興。雖言菩薩無欲。群生固已有
欲矣。甫救交敝之氓。永開利競之俗。澄神反道。其可得乎。此語
宜尋立言之指。遺其所寄之説。　黑曰：若不示以來生之欲。何
以權其當生之滯。物情不能頓至。故積漸以誘之。奪此俄頃。要
彼無窮。　白曰：道在無欲。而以有欲要之。此所謂積漸者。日損之
謂也。當先遣其所輕。然後忘其所重。使利欲日去。淳白自生耳。
豈得以少要多。以虧易損。俯仰之間。非利不動。利之所蕩。其有
極哉。……是以周孔敦俗。弗關視聽之外。老莊陶風。謹守性分

而已。白居非坐取持誦華嚴，情字出宮不見來源而寫，宜譯其顯晦之點，存其所要之旨。

南齊書武帝紀：上遺詔曰：東鄰殺牛，不如西家禴祭。我靈上慎勿以牲爲祭。唯設餅茶飲干飯酒脯而已。……未山陵前，朔望設菜食。……顯陽殿玉像諸佛及供養具，另別牒，可盡心禮拜供養之。應有功德事，可專在中。自今公私皆不得出家爲道，及起立塔寺，以宅爲精舍，並嚴斷之。惟年六十，必有道心，聽

（三）北史紀（同上）

南齊書祥瑞志：永明九年，始阿縣民龔慶宅左有園，園之東面廣袤四丈，所種菜輒鮮異，轉加採拔，隨復更生。夜中恒有白光，皎曜庭

天。狀似龜鏁。私穀非常。請師卜候。道士傅德占使掘之。深三尺。獲玉印一鈕。文曰長承萬福。甲迄

永明二年十一月。虜國民齊祥歸入靈丘關。聞殷然有聲。仰視之。見山側有紫書如雲。衆爲同翻。共百。祥往蕭所。模畫方寸四分。獸細各白。博維聖帝永昌。道興虜太后師道人惠度。欲獻虜主。惠度款共之叛詐言今欲歸西朝。其於高國。道附道人惠藏道多師。因明林監崔士亮獻之。迄

三年七月。始興郡民龔玄宣云。去年二月。忽有一道人乞食。因探懷中。出篆書真經一卷六紙。又表北極一紙。又移付羅浮居士一紙。云從兜率天宮下。使送上天子。因失道人所在。今年正月玄宣乃稽神人授皇帝璽……迄

世祖立禪靈寺（南齊書卷廿一）

南齊書文惠太子傳：太子與竟陵王子良俱好釋氏，立六疾館以養窮民（卷廿一紅）

南齊書豫章文獻王傳：嶷……太祖有二子，嶷臨終，召子子廉、子恪曰：……三日施靈，唯香火、槃水、干飯、酒脯、檳榔而已。朔望菜食一盤，加以甘果，此外悉省。葬後除靈，可施吾常所乘輿扇繖。朔望時節，席地香火、槃水、酒脯、干飯、檳榔便足。……以吾所常乘輿扇繖可安佛，供養外國二僧。……嶷薨，第庫無見錢，世祖敕貸雜物服飾，得數百萬，起集善寺。（卷廿二紅）

子[illegible]（南史卷四十三紅）

子子範捨居宅立精舍，招提僧房（南史齊高帝諸子傳卷四十三紅）

南齊書李安民傳……爲……吳興太守……卒官。……吳興有項羽神護郡聽事。太守不得上。太守到郡，必須祀以軛下牛。安民奉佛法，不與神牛，著屐上聽事。又於聽上八關齋。俄而牛死，葬廟側。今呼為李公牛冢。及安民卒，世以神為祟。（卷四十六）（南史以為作）

齊書垣崇祖傳：而之蠲派陽……十一年，遣虜華范孝道人釋法智與州民周盤龍等作亂（卷廿五）

齊書江謐傳：出為建平王景素冠軍長史、長沙內史，行湘州事。政治苛刻。僧遵道人與謐情款，隨謐蒞郡，犯小事，餓於郡獄，僧遵裂三衣食之，既盡而死。為有司所奏，徵還。明帝崩，遷都官尚書。（卅一）

（12）

齊書虞玩之傳：上表曰……又生不長髮，便謂為道。（卅四）

永明五年十七日侍竟陵文宣王子良移居雞籠山西邸……招致
名僧講論佛法，造經唄新聲（南[illegible]）。永明末，上將射雉，子良諫
曰：……伏願陛下，以信心明照，一於所以傾宣寶於禪靈，作實廣洽。
得傳寫魚書常於江陵……陛下常日，捨財修福。……世韓公
是物。而得見龍寶。不雙此廣時子因好釋氏。……子良敬信尤
篤。數於邸園營齋戒，大集朝臣眾僧，至於賦食行水，或躬親其
事。世頗以為失宰相體。（南史）世祖不豫，詔子良甲仗入延昌殿
侍醫藥。子良啟進沙門於殿戶前誦經，世祖為感夢見優曇鉢
華。子良按佛經宣旨，使御府以銅為華，插御床四角。（南史の同巧）
又於劉瓛傳：住在檀橋，瓦屋數間，上皆穿漏。……竟陵王子良親

徐傳論。七年，表世祖南(?)臧之役，以撝到摛(?)為主簿給事。……亦

及從廣陵還，高(?)子良(?)蕭藏(?)學於彭城劉繪、順陽范縝、將尉(?)卷藏(?)宅

常黯(?)。卅九上（南史五十上）

言(?)於何點傳：點華(?)冠遂士同(?)。都陸修靜以白鷺羽麈尾扇遺點

只此段屬騎(?)以筆與人宗孝武——數載安帝傳信多儀式常(?)

騎將(?)像歌方，錫(?)（四二上）。又(?)謝(?)莊(?)元(?)正(?)厨(?)。高(?)道(?)宰殺。同車徑去。自(?)……附(?)

臟(?)之迹（南史卅二上）遺令……左手執孝經、老子，右手執小品法華經。（四七上）

言周顒傳：長於佛理。著三宗論。立空假名，立不空假名。設不空

假名難空假名，設空假名難不空假名。假名空難二宗，又立假

名空。西涼州智林道人遺顒書曰(?)：此義旨趣，似非始開。妙音中

深相贊美

德充七十載。勇道年二十時。傳日此[illegible]。每歲暮無共天。年

山兒來者老。年五關中高僧。乃蕭有此觀。當泯集際時。繪深

即斯題者。本無尋人。了達江東略是無一。蒙道按摩尾來四十緣載

年。來西譯說。禪宗一時。路義湖見宗鏡。檀有此瀆。自爲無[illegible]人

同世。而之黃蘆。湘者此音。禪來大耳。始是真實道中一功德。

方陽人。重於此[illegible]。清貧寡欲。終日長蔬食。雖有妻子。獨處

山舍。……時何胤亦精信佛法。無妻妾。太子文惠太子又問顒。卿精

進何如何胤。顒曰。三塗八難。共所未免。然各有其累。太子曰。所

累伊何。顒曰。周妻何肉。[illegible]……國子博士。……後何胤言斷食

生。猶欲食白魚䱇脯糖蟹。以爲非見生物。疑食蚶蠣。使學[illegible]人

南史何胤傳：胤侈於味食必方丈後稍欲去其甚者

議之。學生鍾岏曰。䱇之就脯。驟於屈伸。蟹之將糖。躁擾彌甚。仁人用意。深懷如怛。至於車螯蚶蠣。眉目内闕。慚渾沌之奇。礦殼外緘。非金人之慎。不悴不榮。曾草木之不若。無馨無臭。與瓦礫其何算。故宜長充庖廚。永爲口實。竟陵王子良見岏議。大怒。汝南

點亦遁節[redacted]清信。顒與書勸令菜食。曰。……[redacted]文人於血氣之類。雖不尊身賤。至於晨鳧夜鯉。不能不取備屠門。……(同上)

齊書謝瀹傳。世祖起禪靈寺。敕瀹撰碑文。(同三五。南史廿)

齊書徐孝嗣傳。竟陵王子良……好佛法。孝嗣及廬江何胤掌知齋講及眾僧。(同四四)

齊書宗室傳。始安貞王道生。太祖子遙光……遙昌。建武二年。薨。

元宏寇壽春……遣道登道人進城內施眾僧絹五百匹（齊五七）
宏甘王與侍臣路……六年。……與羽請皇帝幸府。上曉佛法。
御膳不宰牲。使王晏語與臣。雲第六年為對敵事。而濟事諸大
臣。已判無容啟聞也……出為……雍州刺史。上謂王宴曰。與
於釋氏。當因寺至。共立鐘以此材務。卿相見言次及之。句（道）
至言也。（四九下）十一年。與枇杷寧蠻長史劉興祖。……上[illegible]中
書舍人呂文顯直閣將軍曹道剛領齋仗五百人收與。數鎮西
司馬黃茂諸江陵。步送合襄陽。……與司馬黃瑤起寧蠻長史
殷叡黨程城內起兵攻府。之闕兵入壘內諸佛。焚及鄴軍人等
殺之。（四九下）與誅弟鏡。……宏更騎將軍蕭文子也。——世

祖也射雉。窮行佛法。樗蒱不從。皆(四九五) 南史 卅三 95

齊書陸沖傳。父睿。直直郎……沖父初卒。蕭帝曰。賢郎父以鄉土所產。無用牲牢。(四九五)

齊書崔慧景傳。子覺好談義。通解佛理。頗有撿束。家安高閣。(五〇五)子覺已剃爲道人。見執。伏法。臨刑與獄吏書曰。搶道稅的先家。以爲大獄。……夢是妻女。必能知佛乘。(五〇五)

齊書陸僚蔡傳。陵市……只有除資宜二十條。共一條。云宜戮屠播寺。(五〇九)南史卅五 96

齊書良政傳虞愿傳。帝——以故宅起湘宫寺。費極奢侈。以孝武莊嚴刹七層。帝欲起十層。不可立。分爲兩刹。各五層。新安太守

巢尚之罷郡還見帝曰。卿至湘宮寺未。我起此寺。是大功德。愿
在側曰。陛下起此寺。皆是百姓賣兒貼婦錢。佛若有知。當悲哭
哀愍。罪高佛圖。有何功德（南史七十 宮三 二上）……大漸日左右呼道人合掌便絕（南史卷五 7上）
南齊書高逸傳明僧紹。僧紹聞沙門釋僧遠風德。往候定林寺（南史卷五十）
（2上）顧歡[redacted]歡著夷夏論……道經云。老子入關之天竺維衛
國。國王夫人。名曰淨妙。老子因其晝寢。乘日精入淨妙口中。後
年四月八日夜半時。剖右腋而生。墮地即行七步。於是佛道興
焉。此出玄妙內篇。佛經釋迦成佛。有塵劫之數。出法華無量
壽。或為國師道士儒林之宗。出瑞應本起……雖舟車均於致
遠。而有川陸之節。佛道齊乎達化。而有夷夏之別。若謂其致既

均。其法可換也。而車可涉川。舟可行陸乎。……其理之可貴者道也。事之可賤者俗也。捨華效夷。義將安取。……泥洹仙化。各是一術。佛號正真。道稱正一。一歸無死。真會無生。在名則反。在實則合。但無生之教賒。無死之化切。切法可以進謙弱。賒法可……以退夸強。佛教文而博。道教質而精。精非粗人所信。博非精人所能。佛言華而引。道言實而抑。抑則明者獨進。引則昧者競前。佛經繁而顯。道經簡而幽。幽則妙門難見。顯則正路易遵。此二法之辨也。——佛是破惡之方。道是興善之術。興善則自然為高。破惡則勇猛為貴。佛跡光大。宜以化物。道跡密微。利用為己。——歡雖同二法。而意黨道教。宋司徒袁粲。託為道人通公駁

記之。昔晦日……未嘗道周。今伯劉業。皆化成者。亦因寄傲。當其

舟車。禮樂斗聞。佛法東流。爰因吾等。清行之士。宿命不惑。真心

之人。將護安業。之庠淺道。不足繼傲……孔老治世為本。釋典

出世為宗。蓋釋氏晚傳。昔聞亦寡。舍利之唱。自由體說。又仙化以

實形為本。泥洹以濟神為先。實形者自首至踵。而來者無窮。陶

神者像慶歲月積。法然常存。泥洹之道。無死之地。乖詭若此。何

備其同。顏答曰。……佛道實宗。修戒養身為。戒德實歸。故言教

可以……今佛既東流。道亦西邁。故知世有精麤。教有文質。然則

道教執本以領末。佛教救末以存本。請問所異。歸在何許……

神仙首先。構集之說。神仙是大化之總稱。非窮妙之至名。至名

無名。其有名者二十七品。仙變成真，真變成神，或謂之聖，各有九品。品極則入空寂，無為無名。若服食茹芝，延壽萬億，壽盡則死，藥極則枯。此修考之士，非神仙之流也。明僧紹正二教論，以為佛明其宗，老全其生。守生者蔽，明宗者通。今道家稱長生不死，名補天曹。大乖老莊立言本理。文惠太子、竟陵王子良並好釋法。吳興孟景翼為道士。太子召入玄圃，衆僧大會。子良使景翼禮佛。景翼不肯。子良送十地經與之。景翼造正一論。大略曰：……

……一之為妙。空玄絕於有境，神化贍於無窮。為萬物而無為，處一數而無數。莫之能名，強號為一。在佛曰實相。在道曰玄牝。道之大象，即佛之法身。以不守之守守法身。以不執之執執大象。

但梅有八萬四千行。說有八萬四千法，乃至於無數。以為書
於無盡。普納隨緣。復本同一。云云。四同向：正即無邪。……司
徒從事郎中張融作門律云。道之與佛。逗極無二。寂然道士與
道人指儒墨。道人與道士辯是非……（五四五）（南史隱逸傳上 八下）
言南齊書高逸傳：劉虯精信釋氏。衣麤布衣。禮佛長齋。注法華經。自（建武二年。……其冬。虯病。正晝有白雲徘徊檐戶之內。又有香氣及磬聲。其日卒。（南史 五十下））
講佛義（五四五）
徐伯珍好釋氏老莊。兼明道術。（八下）（此下三遊）
又吳苞曰……謝法求道。常聞光驗相傳此法。稱自伯陽。世傳吳
錢有此二學。修爲道士。亦稍相術。唯重道。兼亦循行。……史
臣贊精釋氏……詔好道……莫寄遇（五四九下）
言為崇敬傳何……幼聰。少末好佛法。翦落長齋。持行精苦。（五四五下）
（南史孝義傳 七三下）

江泌，性行仁義，衣弊，恐虱饑死，乃復取置衣中。數日間，終身
無復虱。……食菜不食心，以其有生意也。……爲南康
王子琳侍讀。建武中，明帝害諸王後，泌憂念子琳，詣誌公道人
問其禍福。誌公覆香爐灰示之曰：都盡，無所餘。……（下略）（南史孝義傳付七四上）
齊高帝傳詔紀僧真，少隨逐征西將軍蕭思話及子惠開。……初
惠開在益州，土反，被圍危急。有道人謂之曰：城圍尋解。檀越
貴門，後方大興，無憂外賊也。惠開密謂僧真曰：我子弟見在者，並
無異才，政是道成耳。僧真憶道人言，乃請事太祖。（下略）宋
世道人楊法持，與太祖有舊。元徽末，宣傳密謀。昇明中，以爲僧
正。建元初，罷道，爲寧朔將軍，封州陵縣男，三百戶。……（下略）（南史恩倖傳付七七）范

法亮宋太始中。出身为小史。历斋干扶侍。孝武末年。作酒法。鞭罚过度。校猎江右。选白衣左右百八十人。皆面首富室。从至南州。得鞭者过半。法亮忧惧。因缘启出家。得为道人。明帝初罢道。（文北）

「虎贲中郎将潘敞掌功作。上使造禅灵寺。新成。车驾临视。

古悦。（北）

子书魏虏传云：……佛狸……宋元嘉中。伪太子晃与大臣崔氏寇氏不睦。崔寇谮之。玄高道人有道术。晃使祈福七日七夜。佛狸梦其祖父並怒。手刃向之曰。汝何故信谗。欲害太子。佛狸惊觉。下伪诏曰：……自今已往。事无巨细。必经太子。然后上闻。是以得释佛狸。见杀。（万七止）

初佛狸讨羯胡于长安。杀道人且尽。及元嘉

南寇。獲道人。以鐵籠盛之。後佛狸感惡疾。自是敬畏佛教。立塔寺浮圖。宏父弘禪位後。黃冠素服。持戒誦經。居石窟寺。宏太和三年。道人法秀與苟兒王阿辱佩玉等謀反。事覺。囚法秀。加以籠頭鐵鎖。無故自解脫。虜穿其頸骨。使咒之曰。若復有神。當令穿肉不入。遂穿而殉之。三日乃死。偽咸陽王復將見殺之人。大后馮氏所誅。宏大推信。粗讀新經。宮殿內立浮圖。（45上）

梁書武帝紀天監十六年。冬十月。去宗廟薦脩。始用蔬果。（二下）

大通元年三月。辛未。輿駕幸同泰寺捨身。（三上）

中大通元年九月癸巳。輿駕幸同泰寺。設四部無遮大會。因捨身。公卿以下

上釋御服。披法衣。行清淨大捨。以便省為房。素床瓦器。乘小車。私人執役。甲午。升講堂法坐。為四部大眾開涅槃經題。癸卯。羣臣

以錢一億萬奉贖。（4下）

皇帝菩薩大捨。僧眾默許。乙巳。百辟詣寺東門奉表。請還臨宸極。三請乃許。帝三答書。前後並稽首。冬十月己酉。又設四部無遮大會。道俗五萬餘人。會畢。帝御金輅還宮。御太極殿。大赦改元。二年夏四月癸丑。幸同泰寺。設平等會。（5上）

三年十一月。乙未。行幸同泰寺。高祖升

冬。十月。己酉。上幸同泰寺。升法座。為四部眾說涅槃經義。訖於乙卯。（4下止）

大同元年三月丙寅幸同泰寺設無遮大會。夏[illegible]壬戌幸同泰寺鑄十方銀像。并設無礙會。二年三月戊寅幸同泰寺設平等法會。四月辛亥幸同泰寺設四部無礙法会。十月壬午幸同泰寺設無礙大会（七上）。三年五月癸未幸同泰寺鑄十方金銅像設無礙法會。（七上）

法座。為四部衆説摩訶般若波羅蜜經義。訖於十二月辛丑。（注）

五年二月。癸未。行幸同泰寺。設四部大会。高祖升法座。發金

字摩訶般若經題。訖於己丑。（注）　大同三年八月。辛卯。輿駕幸

阿育王寺。赦天下。（注）　四年七月。癸亥。詔以東冶徒李胤之

降如來真形舍利。大赦天下。（注）　中大同元年三月庚戌。法駕

出同泰寺大會。停寺省講金字三慧經。夏四月。丙戌。於同泰寺

解講。設法會。大赦改元。書佛由西為災者觸時一級。發首尚大

寺。亦有變。是夜。同泰寺災。（注）　大清元年。三月。庚子。高祖幸同

泰寺。設無遮大會。捨身。公卿等以錢一億萬奉贖。（注）　兼篤信

正法。尤長釋典。製涅槃大品淨名三慧諸經義記。復數百卷。聽

稱史志

設法會（七上）

曠餘閒，即於重雲殿及同泰寺講說，名僧碩學，四部聽衆，常萬餘人。（122上）及居帝位，即於鍾山造大愛敬寺，青溪邊造智度寺。

（122下）梁武帝不用牲牢，見隋書禮儀志（七上）。因敬佛制，事見音樂志（四三下）。

梁書高祖丁貴嬪傳：及高祖弘佛教，貴嬪奉而行之。屏絕滋腴，長進蔬膳。……高祖所立經義，皆得其指歸。尤精淨名經。所受供餽，悉以充法事。（七下）南史（十二）

梁書鄧元起傳：少時又嘗至其西沮田舍，有沙門造之乞，元起問田人曰：有稻幾何？對曰：二十斛。元起悉以施之。時人稱其有大度。元起初爲益州，過江陵，迎其母。母事道，方居館，不肯出。元起拜請同行。母曰：貧賤家兒，忽得富貴，詎可久保？我寧死於此，不能與

此共力福斂。（甲六〇）（南史五五）

梁書韋叡傳：高祖方欽崇釋氏，天下咸從風而化。叡自以信受素薄，位居大臣，不能與俗俯仰，所行略如他日。（甲二八）（南史五八）

梁書[illegible]譚傳：子法才……江夏太守，因被代，表便道還鄉，至家，割宅為寺，棲心物表。（甲九八）

梁書太祖五王傳：南平元襄王偉晚年崇信佛理。（甲卅二）鄱陽忠烈王恢，恢有孝性。初鎮蜀，所生費太妃猶停都，後於都下不豫，恢未之知。一夜，忽夢還侍疾，既覺，憂遑，便廢寢食。俄而都信至，太妃已瘳。後又目有疾，久廢視瞻。有北渡道人慧龍得治眼術，恢請之。及至，空中忽見聖僧，及慧龍下針，豁然開朗，咸謂精誠

所致。（卅六上）（南史五二上）

梁書長沙嗣王業傳：深信因果，篤誠佛法。高祖每嘉歎之。（卅三下）

梁書蕭昱傳：昱普通五年，坐於宅內鑄錢，為有司所奏，下廷尉，

得免死，徙臨海郡。行至上虞，有敕追還，且令受菩薩戒。昱既至，

恂恂盡禮，改意蹈道，持戒又精潔。高祖甚嘉之。（卅四下）（南史五二上）

梁書徐勉傳：嘗為書誡其子崧曰：……前劉宅西邊施宣武寺。……

（卅五下）（南史六十上）……又孔釋二教，殊途同歸，撰會林五十卷。（六上）（八下）

梁書陸杲傳：杲素信佛法，持戒甚精，著沙門傳三十卷。（卅六上）（南史四八下）

梁書裴子野傳：子野末年深信釋氏，持其教戒，終身飯麥食蔬。（卅上）……（南史卅三下）

……又敕撰衆僧傳二十卷。……（卅下）

梁书徐摛傳：摛文體既別。春坊盡學之。宮體之號，自斯而起。高祖聞之怒。召摛加讓。及見。應對明敏。辭義可觀。高祖意釋。因問五經大義。次問歷代史及百家雜說。末論釋教。摛商較縱橫。應答如響。高祖甚加歎異。更被親狎。寵遇日隆。（卅二下）（南史六二）

梁书陳慶之傳之叙：……顥敗。洛陽陷。慶之馬步數千。結陣東反。榮親自來追。值蒿高山水洪溢。軍人死散。慶之乃落鬚髮為沙門。間行至豫州。（卅二上）出為——————北兗州刺史。會有妖賊沙門僧強自稱為帝。土豪蔡伯龍起兵應之。僧強頗知幻術。更相扇惑。衆至三萬。攻陷北徐州。濟陰太守楊起文棄城走。鍾離太守單希寶見害。使慶之討焉。……曾未浹辰。斬伯龍、僧強。傳其首道。（卅二上）（南史六一）

梁書王僧孺傳……出爲南海太守。……視事期月，有詔徵還。郡民道俗六百人詣闕請留。不許。（卅三）

又張纘傳：纘爲杜岸所執，送詣岳陽王詧。始被囚熱。後又爲纘剃髮爲道人。（卅四上）南史云：纘懼不免，請爲沙門，名法纘。（五六下）

又孔休源傳：長子雲童。頗有父風，而篤信佛理，徧持律戒。（卅六下）

又江革傳：時高祖盛於佛教，朝賢多啓求受戒。革精信因果。而高祖未知，謂革不奉佛教，乃賜革覺意詩五百字。……又手敕云。……革因啓乞受菩薩戒。（卅六上）（南史六十上）

又何敬容傳：大同……五年，又爲尚書令，侍中、將軍、參掌、佐史如故。……十一年，坐妾弟費慧明爲導倉丞，夜盜官米，爲禁司所執。

遂領軍府。時日東王崇為領軍將軍。數詣以書解疑義。參訪其

書以奏。[redacted]……免職。初太宰中有沙門釋鏡法世實致容。謂

已。吳興沈顗夢繪見何胤衛耳。及致容為宰相。謂曰擅當為其

禍故，抑遏宦族。無仕進志。□吳竟為何東所餘。中大[redacted]同元年。三

月。高祖（武帝）幸同泰寺講金字三慧經。敕容諸預聽，敕許之。（卌四）（南史）

習書。賀琛傳：琛遂啟陳事。條奏已。……言泰高龍大熾，皆主於

於家。曰：擇歡責琛……昔之精審，久不宰教。朝中會同，菩薩而

已。……勝綽房室。三十餘年。無有淫佚。勝自討。不與女人同

屋而寢。亦三十餘年。（卅八止）

不王袖恭侍，少好儒術。尤明內典。（卅九起）（南史六三止）

梁書劉歊傳：初與弟洽，常共居一齋。洽卒，便捨為寺。因對經藏[illegible]。蔣山有延賢寺，歊家世所立。歊得祿，皆充二寺。

終身蔬食。別營小室，朝夕從僧徒禮誦。[illegible]為祖[illegible]自三[illegible][illegible]。

稱其篤[illegible]。[illegible]小[illegible][illegible]寺[illegible]。歊家[illegible][illegible][illegible][illegible]以供[illegible]。

[illegible][illegible][illegible]。[illegible][illegible]法[illegible]。……[illegible]居家[illegible]清[illegible][illegible][illegible]。及卒[illegible]。

[illegible][illegible][illegible]取（[illegible]色知[illegible][illegible]居二[illegible][illegible]佛道所[illegible][illegible]。）（南史廿[illegible]）

又王規傳：子褒，幼訓以誡，誡子，其一章云：儒家則……道家則

……釋氏之[illegible]……點釋為教[illegible][illegible][illegible][illegible]。[illegible][illegible][illegible][illegible]。

及[illegible]知命。既崇周孔之教，兼循老釋之談。江左以來，斯業不墜。

江[illegible][illegible][illegible]八手圖[illegible][illegible][illegible][illegible]之[illegible]也。[illegible]25

又褚翔傳：少有孝性。為侍中時，母疾篤，請沙門祈福。中夜忽見

戶外有異光，又聞空中彈指。及曉疾遂愈。咸以為翔精誠所致

（南史卅八上）
梁書劉潛傳：遷尚書殿中郎。敕令劉顯雜州平等並傳譯文。卷宏藏。
（四一上）大空中事
又到溉傳：末年專尚釋教。（四〇上）
又臧盾傳：中大通五年二月，高祖幸同泰寺開講，設四部大會，衆
數萬人……（四二下　南史十八下）
又太宗十一王傳：建平王大球，初，侯景圍京城，高祖素歸一釋教。
每發誓願，恒云：若有衆生應受諸苦，悉衍身代當。時大球年甫
七歲，聞而驚謂母曰：官家尚爾，兒安敢辭。乃六時禮佛，亦云：凡
有衆生應獲苦報，悉大球代受。其早慧如此。（四四上　南史五四上）

梁書孝行傳滕曇恭，年五歲，母楊氏患熱，思食寒瓜，土俗所不產。
曇恭歷訪不能得，銜悲哀切。俄值一桑門，問其故。曇恭具以告。
桑門曰：我有兩瓜，分一相遺。曇恭拜謝，因捧而還，以薦其母。舉
室驚異。尋訪桑門，莫知所在。（梁書止）其門外有冬生樹二株，時
忽有神光，自樹而起，俄見佛像及夾侍之儀，容光顯著，自門而
入。曇恭家人大小，咸共禮拜，久之乃滅。遠近道俗，咸傳之。（止）（南史孝義傳七四）
劉曇淨爲表，權瘞蕭王寺。（梁止）江紑，革第十三。父患眼，紑侍疾將
期月，衣不解帶。夜夢一僧云：患眼者飲慧眼水必差。及覺說之，莫
能解者。紑第三叔祿與草堂寺智者法師善，往訪之。智者曰：無
量壽經云：慧眼見真，能渡彼岸。蒨乃因智者啟捨同夏縣界牛

也。亚启为寺。乞赐嘉名。敕答云。……可以慧眼为名。及就创造。
凿故井。得水清冽。异於常（恒）泉。依梦取水洗眼及煮药。稍觉有瘳。
因此遂差。时人谓之孝感。……紑性静（沈）。好老庄玄言。尤善佛义。
可与此南史江紑传（卅六）

梁书儒林传范缜：初，缜在齐世。尝侍竟陵王子良。子良精信佛教。
而缜盛称无佛。子良问曰。君不信因果。世间何得有富贵。何得
有贫贱。缜答曰。人之生譬如一树花。同发一枝。俱开一蒂。随风
而堕。自有拂帘幌坠於茵席之上。自有关篱墙落於溷粪之侧。
坠茵席者。殿下是也。落粪溷者。下官是也。贵贱虽复殊途。因果
竟在何处。子良不能屈。深怪之。案坠茵落溷自亦有其因果缚

不應不知此理。蓋子良所謂因果，乃世俗所著，則得富貴為要，別得多財之說，姑稹存而闕之。此可云解世俗採應之說，不可云不信因果，尤不可云無佛。史文殊不審諦，可疑。縝著神滅論，言形稱其質，神言其用，名殊而體一，其說若韓，又云有鬼矣。有獸焉，飛走之別也。有人焉，有鬼焉，幽明之別也。人滅而為鬼，鬼滅而為人，則未之知也。而信無鬼，但謂人死曰鬼之說，才為稱其疵。

神滅論曰：問曰知此神滅有何利用邪？浮屠害政，桑門蠹俗，風驚霧起，馳蕩不休。吾哀其弊，思拯其溺。夫竭財以赴僧，破產以趨佛，而不恤親戚，不憐窮匱者何？良由厚我之情深，濟物之意淺。是以圭撮涉於貧友，吝情動於顏色；千鍾委於富僧，歡意暢於容髮。豈不以僧有多稌之期。友無遺秉之報。務施闕於周急。歸德必於在己。又惑以茫昧之言。懼以阿鼻之苦。誘以虛誕之辭。欣以兜率之樂。故捨逢掖。襲橫衣。廢俎豆。列缾缽。家家棄其親愛。人人絕其嗣續。致使兵挫於行間。吏空於官府。粟罄於惰遊。貨殫於泥木。所以奸宄弗勝。頌聲尚擁。惟此之故。其流莫已。其病無限。若陶甄稟於自然。森羅均於獨化。忽焉自有。怳爾而無。來也不禦。去也不追。乘夫天理。各安其性。小人甘其壟畝。君子保其恬素。耕而食。食不可窮也。蠶而衣。衣不可盡也。下有餘以奉其上。上無為以待其下。可以全生。可以匡國。可以霸君。用此道也。（按）此論之當佛。至道信佛者謂當利身。其云棄理安性。則何道家之說也。然佛未入中國以前，以霸者不能舉禮樂命耶。欲使小人甘其龍斷，是予佛其悟棄下有緣以導其上，無以待其下則非循蠻之論不可。然下之人追於飢寒，上之人溺於聲樂，何以使之安其性耶

梁書儒林傳皇侃撰孝經，常日限誦孝經二十遍，以擬觀世音經。

（同卷）南史儒林傳上之

梁書文學傳劉勰，早孤，篤志好學。家貧不婚娶，依沙門僧祐，與之居處積十餘年，遂博通經論，因區別部類，錄而序之。今定林寺經藏勰所定也（五十一）。時七廟饗薦已用蔬果，而二郊農社猶有犧牲。勰乃表言，二郊宜與七廟同改。詔付尚書議。依勰

所謂（正）

「勰為文長於佛理。京師（都下）寺塔及名僧碑誌。必請勰製文。有敕與慧震沙門於定林寺撰經證。功畢。遂啟求出家。先燔鬢髮以自誓。敕許之。乃於寺變服。改名慧地。」（正）（南史文學傳七二）

劉杳「及睹釋氏經教。常行慈忍。天監十七年。自居母憂。便長斷腥膻。持齋蔬食。及臨終。遺命斂以法服。載以露車。還葬舊墓。隨得一地。容棺而已。不得設靈筵祭醊。其子遵行之。」（正）

伏挺「除南臺治書。因事納賄。當被推劾。挺懼罪。遂變服為道人。久之藏匿。後遇赦。乃出大心寺。會邵陵王為江州。攜挺之鎮。王好文義。深被恩禮。挺因此還俗。」（正）

任孝恭「孝恭少從蕭寺雲法師讀經論。明佛理。至是蔬食持戒。信受甚篤。」（正）（南史文學傳七二）

南史何尚之傳
何求，尚之孫，隱居波若寺，寓住南澗寺。（四卅）點，求弟。點門世信佛，從弟遁以東籬門園居之，孔德璋為築室焉……招攜勝侶及名德桑門……已
點在法輪寺，竟陵王子良欲見之。胤居若邪山雲門寺。

梁書處士何點。點少時嘗患渴痢，積歲不愈。後在吳中石佛寺建講，於講所晝寢，夢一道人，形貌非常，授丸一掬，夢中服之，自此而差。時人以為淳德所感。（五一）胤……點之弟也……師事沛國劉瓛，受易及禮記、毛詩。又入鍾山定林寺聽內典，其業皆通。胤家世年皆不永，惟祖尚之至七十二。胤年登祖壽，乃移還吳……至吳，居虎丘西寺講經論。……胤常禁殺，有虞人逐鹿，鹿徑來趨胤，伏而不動。又有異鳥如鶴，紅色，集講堂，馴狎如家禽焉。初開善寺藏法師與胤遇於秦望，後還都，卒於鍾山。其死日，胤在般若寺，見一僧授胤香奩並函書，云呈何居士。言訖失所在。胤開函，乃是大莊嚴論，世中未有。又於寺內立明珠柱。

訪之，香爐乃藏公所常用

乃止日也存於是。大寧何兼遂以此碣。昭明太子錄其行道會人日思淨積全觀寡義。（梁書）劉注百法論十二門論各一卷。（梁書）梁時處士陶弘景夢佛授其菩提記名為勝力菩薩。乃詣鄮縣阿育王塔。自誓受五大戒。（梁五一傳）傳（四六）

（南史隱逸中道士今有茅山於梁道人道士並在門）

又劉慧斐。……彭城人也。起家安成王法曹行參軍。嘗還尋陽。遊於匡山。遇處士張孝秀。相得甚歡。遂有終焉之志。因不仕。居於東林寺。又於山北構園一所。號曰離垢園。時人仍謂為離垢先生。慧斐尤明釋典。工篆隸。在山手寫佛經二千餘卷。常所誦者百餘卷。晝夜行道。孜孜不怠。遠近欽慕之。太宗（簡文）臨江州。遺以几杖。論者云。自遠法師沒後。將二百年。始有張劉之盛矣。（南史隱逸傳七六）

（仝一〇）

梁書處士傳范元琰蔬食持佛戒（五一下）

又劉訏（訏善玄言），尤精釋典。曾與族兄劉歊聽講於鍾山諸寺。因共卜築宋熙寺東澗。有終焉之志。天監十七年。卒於歊舍。時年三十一。臨終。執歊手曰。氣絕便斂。斂畢即埋。靈筵一不須立。勿設饗祀。無求繼嗣。歊從而行之。（仝一下）（南史隱逸傳七六下）（南史四九下）

又劉歊，不娶不仕（仝一下）天監十七年。無何著革終論。其辭如左機主。骨肉歸於土。魂氣無不之。莊周言。生為徭役。死為休息。此子說。然有相反。何也。業無不之。神猶也。死為休息。神無在也。本寓言。夏后氏用明器。示民無知也。殷人用祭器。示民有知也。周不事田……。而民靜也。……若精神內蘊。則宰群部。則謂之……
可喜。三代……神之域。何哉。神者生存。形者生長。和如神靜者異。
而即非離即見雅具也。靈死者不可見者。而精靈遁覺。未嘗滅
絕。同其與此之說也……佛之言此。後即用辭。得理之據也。神已通徹。
無因而果。……別造理。而據乳……。……無形今華之道有
異之地存。……子羽沈川。伯方墉。子楚芳懷。士女麻衆。山の
子自理也。哉。喜喜也。若從の子而校。即道……者自知。然積習生
帶。雜學路家。一般精志。僅見從。今則義戳煩厚。精存儉易。道
不隱户。速與常俗。不傷存此之念。有合于人之道。……義終不
須哀魂。……送終之具。按中常物。按中常制。後……關之典。一不得有所施。

……勿許留贅。乃置几筵。……其無嘗繼嗣。言家所絕。事止余身。無傷世教。……始年疾卒。時年三十二。歊幼時嘗獨坐空室。有一老公至門。語歊曰。心力勇猛。能精死生。但不得久滯一方耳。因彈指而去。歊既長。精心學佛。有道人釋寶誌者。時人莫測也。遇歊於興皇寺。驚起曰。隱居學道。清淨登佛。如此三說。歊未死之春。有人為其庭中栽柿。歊謂兄子弇曰。吾不見此實。爾其勿言。至秋而亡。人以為知命。（並一遇前史四九節）

梁書處士傳。庾詵。普通中詔曰。……新野庾詵。止足栖退。自事卻掃。經史文藝。多所貫習。潁川庾承先。學通黃老。該涉釋教。……詵……晚年以後。尤遵釋教。宅內立道場。環繞禮懺。六時不

懺。誦法華經。每日一遍。即夜中忽見一道人。自稱願公。容止甚

異。呼詵為上行先生。授香而去。中大通四年。因晝寢。忽驚覺。曰

願公復來。不可久住。顏色不變。言終而卒。時年七十八。舉室咸

聞空中唱。上行先生已生彌陀淨域矣。（見南史隱逸傳七十六下）

梁書處士傳阮孝緒著書精粗異。（見五十一 又8上）

又廣弘明集精粗異。處不詳矣。……鄱陽忠烈王……令傳寫之。

遠近名僧。咸來赴集。論難鋒起。異端競至。孝先徐相酬答。皆得

所未聞。（見五十一 又8上）

梁武迎佛髮　出佛爪髮舍利　阿育王造塔　外人劉薩阿出家

名慧達得之　得阿育王造像　見梁書諸夷傳（見五十四）南史夷貊傳七十八上

梁書諸夷傳：扶南國中有佛法……天監十二年……表於益州立九層佛寺，詔許焉。（佛道見四廿）

陳書高祖紀：永定元年十月庚辰，詔出佛牙於杜姥宅，集四部設無遮大會，高祖親出闕前禮拜。初，齊故僧統法獻於烏纏國得之，常在定林上寺。梁天監末，爲攝山慶雲寺沙門慧興保藏。慧興將終，以屬弟慧志。承聖末，慧志密以獻高祖，至是乃出。（二廿上）

天嘉二年五月辛酉，輿駕幸大莊嚴寺，捨身。壬戌，羣臣表請還宮。（三廿）十月己亥，輿駕幸莊嚴寺，發金光明經題。十二月甲子，輿駕幸大莊嚴寺，設無礙大會，捨乘輿法物。羣臣備法駕奉迎。即日輿駕還宮。（紀九上）

陳書世祖紀天嘉四年四月。辛丑。設無礙大会於太極前殿。（三廿）

須證大会下南史有捨身二字。

又陳宣紀太建十四年丁巳即位。甲戌。設無礙大会於太極前殿（南史十廿）

（五廿）九月。丙午。設無礙大会於太極殿。捨身及乘輿御服。大赦天下。（宋本）

至德三年十一月辛巳。輿駕幸長干寺。大赦天下。（十廿）

（廿）

又後主沈皇后傳：後主遇后既薄。而張貴妃寵傾後宮。後宮之政並歸之。后澹然未嘗有所忌怨。而居處儉約。……唯尋閱圖史、誦佛經為事。陳亡。與後主俱入長安。……隋煬帝每所巡幸。恒令從駕。及煬帝為宇文化及所害。后自廣陵過江還鄉里。不知所終。（卷七）考諸南史，后自廣陵過江，於毗陵天靜寺爲尼，名觀音。貞觀初卒。

陳書王質傳：侯景軍至都，質師不戰而潰，乃翦髮爲桑門，潛匿人間。（卷十八）（南史二三）

又虞寄傳：寶應在庶陳寶應既禽。凡諸賓客，微有交涉者，皆伏誅。唯寄以先識免禍。初，沙門慧標涉獵有才思。及寶應起兵，作五言詩以送之，曰：送馬將臨水，離旗稍引風。好看今夜月，當照紫微宮。寶應得之甚悅。慧標以示寄，寄一覽便止，正色無言。標退，寄語所親曰：標公既以此始，必以此終。後竟坐是誅。（卷十九）（南史六九）

又馬樞傳：博極經史，尤善佛經及周易、老子義。梁邵陵王綸爲南

徐州刺史。素聞其名。引為學士。徧時自讀大品經。令於倩經摩

并子周易。……此見陳書傳七六 南史隱逸 81

陸留王國侍郎。國清廬賓郎。居喪以孝聞。又常行佛法。及丁所生母

憂。遂絕于蔬食。復刻意讀。盡通佛經。兼習周易論語。家於秣言

湘府長。嘗聘相西梁。因宴遊發洛。請傳教一事。了於國事聰捍。

又寓於吳的洗。觀人以西人嗜魚。大設罟網。因以佛法喚之。遂

一鱗不獲。此見延南史隱逸

于闡弘正侍元帝嘗著金樓子曰。余於諸僧重招提琰法師。隱士

重華陽陶貞白。士大夫重汝南周弘正。其於義理。清轉無窮。亦

一時之名士也。弘正特善玄言。兼明釋典。雖碩學名僧。莫不

諸賢雜帶。《南史》無外姓

《陳書·傅縡傳》：時興皇寺朗法師該通釋典。縡每造講筵，時有抗論。法侶莫不傾心。《南史》同

又《徐陵傳》：時寶誌上人，世稱其有道。陵年數歲，家人攜以候之，寶誌摩其頂，曰：天上石麒麟也。光宅惠雲法師每嗟陵早成就，謂之顏回。《南史》同。少而崇信釋教，經論多所精解。後主在東宮，令陵講大品經，義學名僧，自遠雲集。每講筵商較，四座莫能與抗。《南史》同

孝克，陵之第三弟也。後東遊，居於錢塘之佳義里，與諸僧討論釋典，遂通三論。每日二時講，旦講佛經，晚講禮傳，道俗受業者數百人。……乃蔬食長齋，持菩薩戒，晝夜講誦法華經。

（逸）孝先性清素。而好施惠。收不足飢寒。以其物以石碑像投給之。孝先嘗因請翻寫經。隨得隨遣。（經）隋文帝聞其名行皆令將尚書彭城金剛般若經。（逸）臨終正坐念佛。室內有淑香異香甚郁。里閭驚異之。（逸）（南史孝義傳）

陳書江總傳：家域陷。總避難崎嶇。累年至會稽郡。憩於龍華寺。乃製修心賦。略序時事。其辭曰：太清四年。秋七月。避地于會稽龍華寺。此伽藍者。余六世祖宋尚書右僕射州陵侯元嘉二十四年之所構也。侯之王父。晉護軍將軍彪。昔莅此邦。卜居山陰都陽里。貽厥子孫。有終焉之志。寺域則宅之舊基。（眾述）鄉曾自敘其略曰……爰以棲息。年二十餘。入鍾山。就靈曜寺則法師受菩薩戒。慕嵩古陸。于攝山布上人遊款。深悟苦空。更復練戒。運善於心。行慈於物。頗知自勵。而不能蔬菲。尚染塵勞。以此為愧。平生耳。罷

陳書姚察傳。……察幼年。嘗就鍾山明慶寺尚禪師受菩薩戒。及官陳。祿俸皆捨寺起造。并追為禪師樹碑。……文甚遒

大業二年。終於東都。遺命薄葬。……其略曰。……吾在梁世。當時年十四。就鍾山明慶寺尚禪師受菩薩戒。自爾深悟苦空。頗知回向矣。……且吾習蔬菲五十餘年。既歷歲時。循而不失。瞑目之後。不須立靈。置一小牀。每日設清水。六齋日設齋食菓。……初。察願讀一藏經。並已究竟。將終。曾無痛惱。但西向坐。

正念方一切空寂。其後有謝穀稱顏多亞正。……恭諳誦內典。（南史六九紀）

所撰寺塔及眾僧之事，封而緘焉。（四七紀）

陳書傅縡傳：縡篤信佛教。從興皇寺惠朗法師受三論。盡通其學。（南史六九紀）

時有大心暠法師著無諍論以詆之。縡乃為明道論。用釋其難。

（四紀）

又書貞傳（謝貞）十四丁父艱。號頓於地。絕而復蘇者數矣。初（貞）父藺居母

阮氏憂。不食泣血而卒。家人賓客懼貞復然。從父洽。族兄暠。乃

共往華嚴寺。請長爪禪師。為貞說法。……太清之亂。……貞

母出家於宣明寺。（四七紀）（南史孝義）初貞之病。有遺疏告族子凱。氣絕之後。若依僧家尸陁林法。是吾所願。……（紀）

又儒林傳張譏……譏講周易老莊而教授焉。吳郡陸元朗。朱孟博。

一乘寺沙門法才，法雲寺沙門慧休，至真觀道士姚綏，皆傳其業。（卅三5下）（南史儒林傳注）

陸慶……直學士袁憲，乃專心釋典。撰論議亦該究。……乃築室屋居，以禪誦為事。（卅下注）

陳書文學傳杜之偉：中大同元年，梁武帝幸同泰寺捨身，敕勉撰定儀注。僕射徐勉，勉以臺閣先無此禮，召之偉草具其儀。（卅四下注）據是年紀未言，南史紀捨不言總不

又顧越傳：永定二年，高祖幸大莊嚴寺，其夜甘露降，是獻甘露頌，詞義該典，高祖甚奇之。（卅四上注）

又陸琰弟瑜傳：受莊老於汝南周弘正，學成實論於僧滔法師，並通大旨。（卅四上 南史の注）

陳书始興王叔陵傳：于所生母彭氏喪。……初喪之日。偽為哀毁。
自稱刺血寫涅槃經。（卅六/15）（南史六五/65）窃
南史宋武帝紀：嘗遊京口竹林寺。獨卧講堂前。上有五色龍章。[illegible]
僧見之。驚以白帝。帝獨喜曰。上人無妄言。（一/上）
又前廢帝紀景和元年……不遂發殷貴妃墓。忿孝武帝寵
初寵貴妃。帝為之造新安寺。乃遣壞之。又欲誅諸道人尼。
又齊武帝紀。永明十一年。先是魏地謠言。赤火南流喪南國。是歲。
有沙門從北齎此火而至。色赤於常火而微。云以療疾。貴賤爭
取之。多得其驗。二十餘日。都下大盛。咸云聖火。詔禁之不止。火
灸至七炷而疾愈。吳興丘國賓竊以還鄉。邑人楊道慶。虛疾二十

年依法受印慕星日月七上石隊……顧……一面廼

南史梁武帝紀。有沙門自稱僧惲。謂帝曰。君項有伏龍。非人臣也。復求。莫知所之。同廼

又天監十六年三月。丙子。勑太醫。不得以生類為藥。公家織官紋錦飾。並斷仙人鳥獸之形。以為褻衣裁翦。有乖仁恕。於是祈告天地宗廟。以去殺之理。欲被之含識。郊廟牲牷。皆代以麪。其山川諸祀則否。時以宗廟去牲則為不復血食。雖公卿異議。朝野喧囂。竟不從。冬十月。宗廟薦羞。始用蔬果。同廼

又十八年夏四月。丁巳。帝於無礙殿受佛戒。赦罪人。同廼

大通元年。初帝創同泰寺。至是開大通門。以對寺之南門。取反語以

據同泰。自是晨夕講義。多由此門。三月。辛未。幸寺捨身。甲戌。還宮。大赦。改元大通。以符寺及門名。（七三上）

南史梁本紀。大同六年三月。己卯。河南王遣使朝。獻馬及方物。求釋迦像并經論十四條。敕付像。并制旨涅槃般若金光明講疏一百三卷。（七五上）

七年。百濟求涅槃等經疏及醫工畫師毛詩博士。並許之。（五上）

ヌ晚乃溺信佛道。日止一食。膳無鮮腴。惟豆羹糲飯而已。或遇事擁。日儻移中。便嗽口以過。製涅槃大品淨名三慧諸經義記數百卷。聽覽餘閑。即於重雲殿及同泰寺講說。名僧碩學。四部聽衆。常萬餘人。……自五十外。便斷房室。……然仁愛不斷。

亂之後，所當懲艾。多有縱舍，收放則獨棄。無此見罪，常自哀矜。
佛理然後可泰。……梁天監中，沙門釋寶誌嘗謂曰：昔年三十
八，今年八十三，四中落有四城林火酣之。帝使周捨記之。及
中大同元年，同泰寺災，帝啓見捨身之驗。帝生於甲
辰，至十八劫逢鄰之年也。西太歲景(?)丙寅，八十三矣。四月十四
日而起火之始，同學蓋帝三虎三時帝之臨幸沈也。[redacted]
[redacted]（七九）
南史梁元帝紀：初，武帝夢眇目僧，執香爐，稱託生王宮。既而帝母
在采女次侍，始褰戶幔，有風回裾，武帝意感幸之。……（八五）
承聖三年三月，主衣庫見黑蛇，長丈許，數十小蛇隨之，舉頭高

大隋。西蜀。僻先所居。常又與官人李玄洲苑。後見大蛇蟠屈於第。舉以蛇送之。並具意。帝異之。遣人曰。此乃蟒也。恐是錯誤。帝敕所司即日[redacted]取、殺千萬錢鋪於蛇處以獻之。因語法會。教同徒。括前矣。近居稱心前。（八5下）

又初生皇龍。聲瘖無媚。至帝自下京燎之。遂當一日。乃情見[redacted]著。除加慰焉。（八6上）

又著……內典持要百卷……（八7下）

南史陳後主紀。夢民閒異甚多。……以爲妖。乃自賣於佛寺爲奴以禳之。於郭內大皇佛寺起七層塔。未畢。火從中起。飛至石頭。燒死者甚衆。（十6上）

南史后妃傳梁武德郗皇后……武帝為雍州刺史，殂於襄陽官舍……踐阼，追崇為皇后……后酷妒忌，及終，化為龍，入於後宮，通夢於帝，或見形，光彩照灼。帝體將不安，龍輒激水騰涌。於露井上為殿，衣服委積，常置銀鹿盧金瓶，灌百味以祀之。故帝終不置后。（甲二頁）

又宋宗室諸王傳長沙景王道憐中子義宗……帝踐阼，節儉，以言為帝殺子侯。……與蔡隱劉毅，投諸渚濱，閉向參口。於家會同人讌，執於建康獄，尋殺之。（甲三頁）

[redacted]

南史徐湛之傳：出為南兗州刺史。……時有沙門釋惠休善屬文。湛之與之甚厚。世祖命使還俗。本姓湯。位至揚州從事史。（卷15）

又劉粹傳：粹弟道濟。位益州刺史。任長史費謙等聚斂。傷政害人。初，晉末有司馬飛龍者。自稱晉宗室。走仇池。元嘉九年。聞道濟綏撫失和。遂自仇池入綿竹為亂。道濟遣軍討斬之。先是道濟以五城人帛氏奴、梁顯為參軍督護。費謙固執不與。遠方商人至者。道濟抑之。商旅呼嗟。百姓咸欲為亂。氐奴等因聚黨為盜。及趙廣等詐言司馬殿下猶在陽泉山中。蜀土僑舊翕然並反。妖道人程道養（曾名僧）。自云是飛龍。此至十四年乃平定（十七4上）

又謝弘微傳：孫[redacted]之長玄理。及釋氏義。為晉陵郡時。常與義學

僧達講經論，徵士何胤自虎丘山出赴之。其盛如此。（卅八）峯

定林山寺。請以爲寺。常於精玄儀。尤善佛理。法學名僧。常自

講說。（上）

南史袁粲傳：粲幼孤。祖哀之。名之曰愍孫。……宋孝武即位。稍遷

尚書吏部郎、太子右衛率、侍中。孝建元年。文帝諱日。群臣並於

中興寺八關齋。中食竟。愍孫別與黃門郎張淹更進魚肉食。尚

書令何尚之奉法素謹。密以白孝武。孝武使御史中丞王謹之

糾奏。並免官。（卅六上）

又蔡興宗傳……南郡人江陵孫荀蔚之。弟娶之。婦南□寺同門

僧隆。夜入荀家。藉之殺沙門。（卅六上）

南史袁昂傳：顗之子也。顗敗，藏於沙門。沙門將以出關，關吏疑非常人。沙門杖而語之。遂免。或云：顗敗時，昂年五歲，乳媼攜抱匿於廬山。門郡於野求之，於乳媼處免一厄。因書。遂免。（冊85）

又何敬容傳：何氏自晉司空充，宋司空尚之，世奉佛法，並建立塔寺。至敬容，又捨宅東為伽藍。趨權者因助財造構，敬容並不拒，故寺堂宇頗為宏麗。時輕薄者因呼為衆造寺。及敬容免職出宅，止有常用器物及囊衣而已。竟無餘財貨。時亦以此稱之。敬容特為從兄胤所親愛。胤在若邪山，嘗疾篤，有書云：「田疇館宇悉奉衆僧。書經並付從弟敬容。」其見知如此。（冊85）

又陸樓傳：[illegible]之末，為侍中。宿衛宮城。魏師至，兼衛尉。江陵客奔。

穆帝衞尉卿。副王羨都督[illegible]諸軍事。時苻秦寇虜。此條可刺
史事珍國執穆穆。乃使直閣侍書八執杖令杖殿……穆經居
能者。焉暫以實。一一既惶且怯。乃求出。詳：i。其子吏蘭之嫡剌
史。而自意。常閑閑讀佛經。譬時完施。儒者隨經傳據。胡人傳道
南華夜夢西域。乃書了。四·廿上　某穆史異世據而自其異書常
因通經典說。教所窮而誦其文者被據帝首於衆天竺中國傳
異經典門無典貞百世顯其教義書之習以爲常
[redacted]
南史宗室傳始興江夏之遠於子義恭年十爲精義（四·廿）

南史齐宗室传颖胄：长沙寺僧铸黄金为龙。数千两。埋土中。历相传付。称为下方黄铁。颖胄因取此龙。以充军实。（同上）

又齐高帝诸子传宜都王铿：明帝诛高武诸子……遣吕文显赍（同）药往夜进读事正逢八关斋……（同上）

南史齐武帝诸子传竟陵文宣王子良子昭胄……王敬则东起。……明帝诛王侯入宫。……陈显达起事。王侯复入宫。昭胄兄弟惩往时之惧。与弟永新侯昭颖。逃奔江西。变形为道人。（同上）

南史[illegible]传：永明元年。敕诣华林八（同）关斋。于坐按骚说（同

五经

南史陆厥传：时有王斌者。不知何许人。著四声论。行于时。斌初为

道人。精涉經籍。雅有才辯。善屬文。時皆尊而待容儀可賞擧叙於氏古寺聽雲法師講成實論。與濟法廣。惟何正楚起為先序。就且常共傾。慕難不就年。乃嘗曰。郡得此道人。福藏於陶文。唐實人。因命駕之。郡吳曰。既有教益何正。何為不從文道人。不可勤。而接勵閱經。遂理優華。如法請宗自。得遂以詩禮自樂。人募師名之。（見人上）

[redacted]

南史劉峻傳：字孝標。本名法武。（悕情從父不也）宋泰始初。魏剋青州。峻時年八歲。為人所略。為奴至中山。中山富人劉寶愍峻。以束帛贖之。教以書學。魏人聞其江南有戚屬。更徙之代都。居貧不自立。與母並出

家爲居住。既而還俗。目九上

南史、劉霽傳。霽者歆陳郡子[illegible]母明氏寢疾。霽年已五十。衣不解帶者七旬。誦觀世音經數萬遍。夜中感夢。見一僧謂曰。夫人算盡。君精誠篤至。當相爲申延。後六十餘日乃亡。目九上

杳。清儉。無所嗜好。自居母憂。便長斷腥羶。持齋蔬食。臨終遺命。斂以法服……不得設靈筵及祭醊。其子遵行之。（七上）

[illegible]著[illegible]編

南史劉歊傳。時有沙門訟田。帝大署曰貞。有司未辯。遍問莫知。歊曰。貞字文爲與上人。帝因悉其能。出之。帝嘗去　目十上

南史劉虯傳子之遴傳。初以舊恩見德。爲帝之遴。時稱慕隊。將使撰衛綫之。遴預知。仰劉髮撰法服。乃見先喪。手自伏擬出家之

遵曰：謂諸人曰：吾聞佛有闍維之法，吾亦遂之。及之遷墓，遂擔樂殯，時人哭之。（同卷七十六）

南史梁宗室傳：臨川靖惠王宏，文帝第六子也。帝寵愛之甚。又甞禮拜道人釋惠，屬藏室。及武帝即位，宏寶新林寺迎。（同上）

又南平元襄王偉（武帝八弟）。帝晚年崇信佛理，尤精玄學。（同二上）

又梁武帝諸子傳：昭明太子統。武帝大弘佛教，親自講說。太子亦崇信三寶，徧覽衆經。乃於宮內別立慧義殿，專爲法集之所。招引名僧。自立二諦法身義。

又豫章王綜，初聞齊建安王蕭寶寅在魏。綜求得北來道人釋法通。使入北通問寶寅。謂爲叔父。（至三上）

又邵陵攜王綸之帝問出處。乃遣王僧辯帥舟師一萬以逼綸。綸
將劉龍虎等降僧辯。綸遂與子[illegible]等十餘人輕舟走武昌。此門
法馨與綸有舊。藏之巖石之下。（宗三84）
又庾子輿[illegible]乃父之佛寺。亦有定寮。尊足僧詣見。將行禪業。嶽南
原即可營造。既經涅槃。爲足標序處所。有若人功。因立精舍。居
處所以隱焉。（宗六84）
又樂藹傳：子法才，割宅爲寺。（宗六84）
南史范縝傳載神滅論。按語甚略。太原王琰。乃著論譏縝曰。
嗚呼范子。曾不知其先祖神靈所在。欲杜縝後對。縝又答曰。嗚
呼王子。知其先祖神靈所在。而不能殺身以從之。其險詣皆此類

也（卷七北）案此等辨論可謂擇矣

又子良使王融謂之曰：神滅既自非理，而卿堅執之，恐傷名教。以卿之大美，何患不至中書郎，而故乖刺為此，可便毀棄之。縝大笑曰：使范縝賣論取官，已至令僕矣，何但中書郎邪。縝因為實教大宗。嘗不信神鬼。時夷陵有伍相廟、唐漢三神廟、胡里神廟。縝乃下教斷不祠。（卷七北）案王融之語，不知為出竟陵意否，縝身論者為勝，而竟陵諸記人之封論者所為而為之詞，若邢縝之言可謂卓然不惑，其今人每視封時稱論其為想，雖無足採，繼則人傳為，不知其人多好真理而當屬己徇人也

南史韋鼎傳：至德初，鼎盡貨田宅，寓居僧寺。友人大匠卿毛彪問

其中答曰。汝來一百年。居於此矣。乃與余齋歸出。經靈州及。從
不惜庫余。見八紀　閩書十三年。陳光明刺史……又有人家將道
主素之棄。及其還去。棄遺珍物。於後坐亡。寄於草中為人所發。
主常知實與其通。因告實將之。將同翻閱。果得其物。因對實言。
獄成。上於縣。縣覺之。曰。此實無事而殺。乃其寺僧謀其家物。
令如獄了。減住某庵。而將此寶遺之。據係某模模樹。見八紀
南史任昉傳。出為新安太守。……嘗欲營佛齋。調楓香二石。始入
三斗。便出教長斷。曰。與奪自己。不欲貽之後人。見九紀
又賀瑒傳子革。革業孝者。常恨貪祿代耕。不及為養。在荆州。歷為郡
縣。所得俸秩。不及妻孥。專擬還鄉造寺。以申感思。見二紀

南史賀琛傳：大清二年，爲中軍宣城王長史。侯景圍城，琛被創未死。賊求得之，輿至闕下，求見僕射王克、領軍朱异，勸開城納賊。克等讓之，涕泣而止。賊復輿送莊嚴寺療之。另述

南史王僧辯傳：先是天監中，沙門釋寶誌爲讖云：太歲龍，將無理。蕭經霜，草應死。餘人散，十八子。時言蕭氏當滅，李氏代興。及湘州賊陸納等以衡州刺史丁道貴。而李洪雅又自稱零陵。稱助討納。……後而洪雅降納。……以爲應讖。於是共議……尊事爲主。見上題 徐嗣先，僧辯之甥，荊州滅亡，爲此兵慧遲藏匿

脫冠

南史陳宗室諸王傳：遂興侯詳。……少出家爲沙門。……武帝討

僕景。皆令畢備。既以告畢。（見五上）

南史循吏傳吉翰之章中。……累遷徐州刺史。……時有死罪囚。

典籤意欲活之。因翰入齋。呈其事。翰省訖。語令且去。明可便呈。

明旦典籤不敢復入。呼之乃來。取昨所呈事視訖。謂曰。卿意當

欲宥此囚死命。昨於齋坐見其事。亦有心活之。但此囚罪重。不

可全貸。既欲加恩。卿便當代任其罪。因命左右收典籤付獄殺

之。原此囚生命。（見七十上）

又甄法崇之孫彬。……嘗以一束苧就州長沙寺庫質錢。後贖

苧還。於苧束中得五兩金。以手巾裹之。彬得。送還寺庫。道人驚

云。近有人以此金質錢。時有事不得舉而失。檀越乃能見還。輒

以益中仰酬往復十餘條，辭旨甚不遜」（卷十五上）

南史循吏傳郭祖深：帝溺情內教，朝政縱弛。祖深輿櫬詣闕上封事。其略曰：……道人者，害國小人也。……又上封事二十九條。……時帝大弘釋典，將以易俗。故祖深尤言其事，條以爲：都下佛寺五百餘所，窮極宏麗。僧尼十餘萬，資産豐沃。所在郡縣，不可勝言。道人又有白徒，尼則皆畜養女，皆不貫人籍。天下戶口，幾亡其半。而僧尼多非法，養女皆服羅紈。其蠹俗傷法，抑由於此。請精加檢括。若無道行，四十已下，皆使還俗附農。罷白徒養女，聽畜奴婢。婢唯著青布衣，僧尼皆令蔬食。如此，則法興俗盛，國富人殷。不然，恐方來處處成寺，家家剃落，尺土一人。

非復固有。（四十七下）

南史儒林傳：伏曼容子暅，暅子挺。陳南臺書侍御史。因事納賄。被劾。懼罪，乃變服為道士。久之藏匿。後遇赦。乃出大心寺。會邵陵王為江州。攜挺之鎮。王好文義。深被恩禮。挺不能蔬素。因此還俗。（四十九）

南史文學傳：周興嗣時武帝（梁）以三橋舊宅為光宅寺……（七三下）

南史隱逸傳：陶弘景……以見為沙門……（七六上）

釋寶誌見南史隱逸傳（七六上）

南史恩倖傳：戴法興、巢尚之之考若穎敏。時第莊嚴時百姓刱為者書立寺。佛若知。當之之哀矜曰。宜名大佛。譏云。大佛下撥也。時販共

識迷（四七七上）

南史夷貊傳師子國。晉義熙初。始遣使獻玉像。經十載乃至。像高四尺二寸。玉色潔潤。形制殊特。殆非人工。此像歷晉宋在瓦官寺。先有徵士戴安道手製佛像五軀。及顧長康維摩畫圖。世人號之三絕。至齊東昏。遂毀玉像。前截臂。次取身。為嬖妾潘貴妃作釵釧。（七八下）

又賊臣傳。初武帝既崩。景與簡文於重雲殿禮佛為誓曰。臣乞自今兩無猜貳。臣固不負陛下。陛下亦不得負臣。（七八上）

又天監末。沙門釋寶誌。擬魔物子自嘗種。當死未死。衆人傷。須臾了首自刎之。坊自然隕死之相。又曰。山宗小史。眾攜留。方梅

蹤弟作靈棲。狗子黨小宗。山家小次難狀。最遂寰陽新筆。嘉害
宜家。認自政黨。即普之海南。巴陵有地名三湘。黨黨飯菜。共言
清臉之之政黨有錢。有僧道之人分。意性意雅。館[illegible]陷敢闖。而異
凡草。世首楊心之數十輩。姓名所至。人莫敢知。初了隱然。久了
方檢。人羣呼爲闍黎。黨者行楊了。黨嘗於路遇告考讀業討。時
僧道在此。集黨爭財黨陽山。呼之。問如己。黨路又寫集。共嘗又
有僧道。之之形因据墟以進黨。聞曰。指和。黨黨所佃夾贓。僧道
不能加據。乃黨死。僧辨裁以二千遂寓文室。付首江陵。要以嬗
至升雷路中。道楊遠廉。黨之於市。有陸無鼠層陰業峙居。安
潯陽主人郁自由。黨某首揚蔽。黨常據其稱地。乃以高相隱館之。

(八千上)

魏書太祖紀：天興五年。沙門張翹自號無上王。與丁零鮮于次保聚黨常山之行唐。夏。四月。太守樓伏連討斬之。(三9上)

又世祖紀太延四年三月癸未。詔罷沙門年五十已下。(同上8上) 二廿史上

又太平真君五年正月庚申。詔曰。愚民無識。信惑妖邪。私養師巫。挾藏讖記。陰陽圖緯方伎之書。又沙門之徒。假西戎虛誕。生致妖孽。非所以壹齊政化。布淳德於天下也。自王公已下。至於庶人。有私養沙門師巫。及金銀工巧之人。在其家者。皆遣詣官曹。不得容匿。限今年二月十五日。過期不出。師巫沙門身死。主人門誅。明相宣告。咸使聞知。(同上8下) 二廿史6下

又七年三月，詔諸州坑沙門，毀諸佛像，徙長安城工巧二千家於京師。（四上壯）北史二 廿上

又高宗紀興安元年十有二月乙卯，初復佛法。北史二 九下

又高祖紀延興二年四月癸丑，詔沙門不得去寺，浮遊民間，行者仰以公文。（四上任）北史三 十下

又三年十有二月癸丑，沙門慧隱謀反，伏誅。（四上任）

又承明〔太和〕元年十月辛卯，輿駕幸建明佛寺，大宥罪人。（七上北）

又三年六月，起文石室、靈泉殿於方山。八月乙亥，幸方山，起思遠佛寺。北（四上任）北史三 卅上

又四年五月丁巳，罷畜鷹鷂之所，以其地為報德佛寺。北（七上任）北史三 卅上

又八月甲辰。幸方山。庚申。幸武州山石窟寺。（七上北）

又五年二月。沙門法秀謀反。伏誅。（七上北）

又十有四年五月。沙門司馬惠御自言聖王。謀破平原郡。擒獲伏誅。（七下北史三下）

〈世宗紀〉永平二年正月。涇州沙門劉慧汪聚衆反。詔華州刺史奚康生討之。（八上北史四下）

又五月。……辛丑。帝以旱故。減膳徹懸。禁斷屠殺。十有一月甲申。詔禁屠殺含孕。以爲永制。（八上北史四下）

又己丑。帝於式乾殿爲諸僧朝臣講維摩詰經。（八上北史四下）

又三年二月壬子。秦州沙門劉光秀謀反。州郡捕斬之。（八下北史四上）

又延昌三年十有一月丁巳。幽州沙門劉僧紹聚衆反。自號淨居
國明法王。州郡捕斬之。此(冗)迄北史の注
又雅愛經史。尤長釋氏之義。每至講論。連夜忘疲。此(冗)迄北史の注
魏肅宗紀延昌……の年三月。甲辰朔。皇太后出俗爲尼。徙御金
墉。此(冗)迄北史の注
又六月。沙門法慶聚衆反於冀州。殺阜城令。自稱大乘。九月甲
寅。征北將軍元遙破斬法慶及渠帥百餘人。傳首京師。此(冗)迄北史の注
熙平二年春正月。大乘餘賊復相聚結。攻瀛州。刺史宇文福討平
之。此(冗)迄北史の注
又神龜元年九月戊申。皇太后高氏崩於瑤光寺。冬。十月。丁卯。以

凡稽黄程封郎。（高太后 出山）二年五月甲日。改葬文昭皇太后高氏。完

（41上 之外史）

正光三年十有二月丁亥。任城守宗主碑頌。鄭興寺塔。樂宅靈像。

唐姓高段。詔中尉端衡。首屬威風。以見事糾劾。七品六品。科是

代耕。亦不聽銅貼后緣。掌刹城市。完 外

魏書文成文明皇后馮氏。高祖詔曰。朕以虛寡。幼纂寶曆。仰恃慈

明。緝寧四海。欲報之德。正覺是憑。諸鷙鳥傷生之類。宜放之山

（太后立）林。其以此地為太皇太后經始靈塔。於是罷鷹師曹。以其地為

報德佛寺。……太后又立……又立思燕佛圖於龍城。皆刊石

立碑。（下三頁）

十三 外史 5上

（君文后）

孝文廢皇后馮氏。詔廢后為庶人。后貞謹有德操，遂為練行尼。後
終於瑤光佛寺。（甲三五上）太師熙之女　北史十三作
孝文幽皇后亦馮熙女。……文明太皇太后欲家世貴寵，乃簡熙
二女俱入掖庭。時年十四。其一早卒。后有姿媚，偏見愛幸。未幾
疾病。文明太后乃遣還家為尼。高祖（帝）猶留念焉。歲餘而太后崩。
高祖（帝）服終，頗存訪之，又聞后素疹痊除，遣閹官雙三念璽書勞
問。遂迎赴洛陽。（甲十三·五下）北史十三作
又宣武皇后高氏……世宗（帝）崩，肅宗即位。上尊號曰皇太后。尋為尼，居瑤
光寺。非大節慶，不入宮中。……神龜元年，太后出覲母武邑君。時
天文有變，靈太后欲以后當禍。是夜暴崩。天下冤之。喪還瑤光

佛寺。瑞蘇皆以尼禮。（十三之上）北史十三8上

又宣武靈皇后胡氏。后姑爲尼。頗能講道。世宗初。入講禁中。積數歲。諷左右稱后姿行。世宗聞之。乃召入掖庭。爲承華世婦。（十三之上）北史十三8上

大后性聰悟多才藝。姑既爲尼。幼相依託。略得佛經大義。

大后父薨。百寮表請公除。太后不許。尋幸永寧寺。親建剎於九級之基。僧尼士女。赴者數萬人。北史（十三 8下）

又孝明皇后胡氏。武泰初。后既入道。遂居瑤光寺。（十三之下）

又道武七王列傳。河南王曜曾孫和爲沙門。捨其子顯。以爵讓大次弟鑒。〻聞奏。詔許鑒爲繼之後。令顯襲爵。鑒乃受之。鑒……出爲征虜將軍齊州刺史。……高祖崩後。和罷沙門歸俗。棄其

妻子。納一寡婦曹氏為妻。曹氏年齒已長。攜男女五人。隨鑒至歷城。干亂政事。和與曹及五子。七處受納。鑒皆順其意。言無不從。於是獄以賄成。取受狼藉。齊人苦之。鑒治名大損。（甲十六葉下）鑒薨丨以和與鑒子伯宗競求承襲詔稱相聚時和子秀穆（下上）

靈太后記言頗傳遂萬高閣居寺乃得与前宗叠閣之文　又傳（十六葉）

魏書景穆十二王傳　京兆王子推子太興。太興遇患。請諸沙門行道。所有資財。一時布施。乞求病愈。名曰散生齋。及齋後。僧皆四散。有一沙門。方云乞齋餘食。太興戲之曰。齋食既盡。唯有酒肉。沙門曰。亦能食之。因出酒一斗。羊腳一隻。食盡。猶言不飽。及辭出後。酒肉俱在。出門追之。無所見。太興遂佛前乞願。向者之師。

賣非僞人。昔此病日甚，即捨王爵入道。未幾便愈。遂請爲沙門，表十餘上，乃見許。時高祖（孝文）南討在軍，詔皇太子於四月八日爲之下髮，施帛二千匹。既爲沙門，更名僧懿，居嵩山。太和二十二年終。（卅九上）（北史）

又大興第遂。冀州沙門法慶既爲妖幻，遂說勃海人李歸伯，歸伯合家從之，招率鄉人，推法慶爲主。法慶以歸伯爲十住菩薩、平魔軍司、定漢王，自號大乘。殺一人者爲一住菩薩，殺十人者爲十住菩薩。又合狂藥，令人服之，父子兄弟不相知識，唯以殺害爲事。於是聚衆殺阜城令，破勃海郡，殺害吏人。刺史蕭寶夤遣兼長史崔伯驎討之，敗於煮棗城，伯驎戰沒。凶衆遂盛，所在屠滅寺舍。斬戮僧尼。焚燒經像。云新佛出世。除去舊魔。詔以遙為使持節都督北征諸軍事。帥步騎十萬以討之。法慶相率攻遙。遙並擊破之。遙遣輔國將軍張虯等率騎追掩。討破。擒法慶。并其妻尼惠暉等斬之。傳首京師。後擒歸伯。戮於都市。(卷十九上)

(27下) 北史 十七 31

又濟陰王小新成孫誕。有沙門為誕採藥。(卷十九上 41上) 北史 十七 41上

又濟陰王小新成子麗。冀州刺史。入為右僕射。世宗問曰。聞王在州。殺戮無理。枉濫非一。又大殺道人。麗曰。臣在冀州可殺道人二百許人。亦復何多。帝曰。一物不得其所。有若納諸隍。況殺道人二百。而言不多。麗脫冠謝。賜坐。(卷十九上 41下) 北史 十七 41下

又任城王雲之長子澄：靈太后銳於繕興。在京師則起永寧、大上公等佛寺。功費不少。外州各造五級佛圖。又數為一切齋會。施物動至萬計。此（卷十九中）北史

又城陽王長壽之子鸞，宣武時拜征北將軍定州刺史。鸞愛樂佛道。修持五戒。不飲酒食肉。積年長齋。繕起佛寺。勸率百姓。共為土木之勞。公私費擾。頗為人患。世宗聞而詔責。……奪祿一周。……（卷十九下）北史

又孝文五王傳：廢太子庶人恂。乃廢為庶人。置之河陽。以兵守之。服食所供。粗免飢寒而已。恂在困躓。頗知咎悔。恒讀佛經。禮拜歸心於善。案恂死時年十五（廿二傳）

又京兆王愉世宗爲納順皇后妹爲妃而不見禮答愉在徐州納
妾李氏……順皇后召李入宮毀擊之強令爲尼於内……（廿二魏）
又……崇信佛道用度常不據（李恃舊所貪據）以爲諸年二十一（廿二魏）北史十九
又清河王懌時有沙門惠憐者。自云呪水飲人。能差諸病。病人就
之者。日有千數。靈太后詔給衣食。事力優重。使於城西之南治
療百姓病。懌表諫。（廿二魏）北史十九
又汝南王悅好讀佛經。……爲性不備。……有崔延夏者。以左道
與悅遊。合服仙藥松朮之屬。時輕與出採之。宿於城外小人之
所。遂斷酒肉粟稻。唯食麥飯。又絕房中。而更好男色。輕忽妃妾。
至加撻楚。同之婢使。（廿二魏）事悅爲禪　撻病妃流　北史十九

魏書崔僧祐附崔玄伯傳：坐與沙門法秀謀反伏法。（卌の四）

僧淵傳見：僧祐與沙門法秀謀反，徙薄骨律鎮。（北史四の四上）126

僧祐弟僧淵子伯驎，以兼冀州長史。大乘賊起，伯驎率州軍討之，於煮棗城為賊所殺。（卌の四）

魏書安同傳：又在冀州，年老，頗殖財貨，大興寺塔，為百姓所苦。（卅）

（北史廿九）

又于栗磾傳孫烈：時苗穎表沙門法秀謀惑百姓，詔烈與吏部尚書囗丞祖紀驛討之，會秀已平。（卌一95）

又崔浩傳：浩非毀佛法，而妻郭氏敬好釋典，時時讀誦，浩怒，取而焚之，捐灰於廁中。及浩幽執，置之檻內，送於城南，使衛士數十人溲其上，呼聲嗷嗷，聞於行路。自宰司之被戮辱，未有如浩者。

世謂以為報應之驗也。（卅五肆上）北史 105 暹嗜不信佛道。樸隱所謂同。

高雅舊士之中。謗辱形像。諸大笑之。乃指山頭塔。不得處跪是

好神也。（卅五 105上）北史崔暹傳（卅の上）

魏書李順傳：初蒙遜有西域沙門曇無讖，頗有方術。世祖詔蒙遜令送讖。

蒙遜遷延之未發。順受蒙遜金。遂殺讖。世祖見順，問讖所在。順曰……（信……）

順。（卅六上）北史卅三 6上

又李同軌傳：李順兼讀釋氏。永熙二年。出帝幸平等寺。僧徒講說。

敕同軌論難。音韻閑朗。往復可觀。出帝善之。興和中……使

蕭衍。衍深敬釋學。遂集名僧於其愛敬、同泰二寺，講涅槃大品

經。引同軌預席。衍兼遣其臣朱异共觀聽。同軌論難久之。道俗

咸以為善。盧事裕府。高獻帝西引周執在鎮討之子。若嘉靖之。每旦入援。日暮始歸。猶兼讀書。周執庭為解説。的時恆爾。不以為倦。（卅七卷）北史卅三 16下

魏書司馬楚之傳：值劉裕誅夷司馬戚屬。叔父宣期、兄貞之並為所殺。楚之乃亡匿諸沙門中。濟江。自歷陽西入義陽、竟陵蠻中。及從祖荊州刺史休之為裕所敗。乃亡於汝潁之間。北史卅九 下

又司馬叡傳。（卅八卷）北史六上

又王慧龍傳：自云太原晉陽人。司馬德宗尚書僕射愉之孫。散騎侍郎緝之子也。……初。劉裕微時。愉不為禮。及得志。愉合家見誅。慧龍年十四。為沙門僧彬所匿。將慧龍過江。……及曾宗之

子孫奉祀焉，由阿閣。三葉孫景修影賢僧彬所由生也。……

吏人及將士共於墓所起佛寺，圖琛形及僧彬象讚之。（四八上注）

魏書陸俟傳：長子馛……相州刺史……在州七年，徵為散騎常侍。……馛之還也，吏民大斂布帛以遺之，馛一皆不受。民人亦不取，於是以物造佛寺，名長廣公寺。（四〇 22）

馛弟麗，麗子叡……崇信道術，與重禄寺中沙門婢娼。子剛不見靈物，遂不能奪。（四〇 24）

又源賀傳：出為……冀州刺史。……武邑郡姦人石華告沙門道可與賀謀反。……高宗謂群臣曰：……朕為卿等保之。……乃精加訊檢，華果引誣。（四一 22）

魏書劉休賓傳：休賓叔父旋之。其妻許氏二子。法鳳、法武。而旋之早亡，東平(陽)許氏攜二子入國，孤貧不自立。並疏薄不倫，爲時人所棄。母子皆出家爲尼，既而反俗。太和中，高祖選盡物望。河南人士，才學之徒，咸見申擢。法鳳兄弟無可收用，不蒙選授。後俱奔南。法武後改名孝標云。（四三）

魏書房法壽傳：房伯玉。法壽從兄弟也。坐弟叔玉南奔，徙於北邊。因亦南叛。仕蕭鸞南陽太守。高祖南伐，剋宛外城……後剋宛，伯玉面縛而降……以在南之日，放妻楊氏爲尼。入國(第)，令還俗。後愛率妻。爲有司所奏，高宗詔之。（四三下）

又法壽從弟崇吉，南叛。……夫婦異路。劉數爲沙門。改適僧達。扳先撰叙注經。傳嚴錄，借伊什贶之。亦是佛書也。常吉遣大寶節。

得以自遺。書隱幽州西山，亦得杜絕（?）。（四三八二）

[?]苟頹傳：加(?)督(?)行幸三川。頹留守京師。沙門法秀謀反。頹率禁衛收掩畢獲。內外晏然。太和中（四〇六一）北史

又宇文福傳長子延(?)：延，以父時治(?)，隨侍在瀛州。屬大乘妖賊突入州城，延率奴客逆戰，身被重創，賊乃小退。而縱火燒齋閣。福時在內，延突火而入，抱福出外，支體灼爛，鬚髮盡焚。於是勒衆與賊苦戰，賊乃散走。以此見稱（四〇七一）北史

又[?]閭傳閭族子琇(?)長子纘：高祖每與名德沙門談論往復，纘掌綴錄。無所遺漏。與兄(?)稱賞（四五一）北史

魏書裴駿付子宣：高祖會集沙門講佛經，因命宣論難，甚有理詣。高祖稱善。（四五七上）

又李[illegible]兄付子騫：初隨父在下邳，與彭城陳敬文友善。敬文弟敬叔，少為沙門，從師遠學，經久不反。敬文病臨卒，以雜綾二十匹托子騫與敬叔。久訪不得。後二十餘年，始於洛陽見敬叔，以物還之，當題名啟。世稱其廉信。（四五九下）北史

又許彥付：……從沙門法叡受易。世祖初被徵，以卜筮頻驗，遂在左右。參與謀議。（四六一下）北史卅六

又高允付：勃海蓨人也……允少孤……年十餘，奉祖父喪還本郡。推財與二弟，而為沙門，名法淨。未久而罷。（四八上）北史……雅行

佛道。時設齋講。好生惡殺。（同八叶上）征

又子忱之，亦懷子鑠，留宋初，……三年。大乘師起於荊州，專精之

道，章學討之。設繹更起騎常侍。以白衣帥軍節指麾。繹著信為

至。降姑和親。（同八叶上）

又故寅傳：時蜀沙門法成。鳩[率]徒旅，聚結（數）千人。鑄丈六金像。劉（宋文）新

悛恐其聚衆。將加大辟。果閣之。行盡身楊。疑申其義。寧隨益州刺史吉翰

蜀入遂因免焉。後還移蜀。法成感之。遂共聆物。傳直千餘匹。豈十

……一年所害。（五二上）卅四　南史

又趙惠傳：隴西王源顧。采佛經要旨。作祇洹精舍圖偈六卷。叢為

之注解。同日理衰。子書付僧傳所錄味旁。（五二8上）閱川於世　卅四　南史　8上

魏書李孝伯傳。孝伯兄祥。子安世。、子瑒。於時民多絕戶而為沙門。瑒上言……三千之罪。莫大於不孝。不孝之大。無過於絕祀。……一身親老。棄家絕養。既非人理。尤乖禮情。湮滅大倫。且闕王貢。輕縱背禮之禮。而求將來之益。孔子云。未知生。焉知死。斯言之至。亦為備矣。安有棄堂堂之政。而從鬼教乎。又今南服未靜。眾役仍煩。百姓之情。方多避役。若復聽之。恐捐棄孝慈。比屋而是。沙門都統僧暹等忿瑒鬼教之言。以瑒為謗毀佛法。泣訴靈太后。太后責之。瑒自理曰。竊欲清明佛法。使道俗兼通。非敢排棄真學。妄為訾毀。且鬼神之名。皆通靈達稱。自百代正典。敘三皇五帝。皆號為鬼。天地曰神祇。人死曰鬼。易曰。知鬼神之情此。周之自義。亦曰於事鬼神。神曰。所引有據。此則有鬼神。是以明者為堂堂。幽者為鬼教。佛非天非地。本出於人。應世導俗。其道幽隱。名之為鬼。愚謂非謗。……靈太后雖知瑒言為允。然不免暹等之意。猶罰瑒金一兩。（瑒）三卷廿三 北史

魏書劉芳傳。芳常為諸僧傭寫經論。筆迹稱善。卷直以一縑。歲中能入百餘匹。如此數十年。賴以頗振。由是與德學大僧多有還往。時有南方沙門惠度。以事被責。未幾暴亡。芳因緣聞知。文明太后召入禁中。鞭之一百。時中官李豐主其始末。知芳篤學有志行。言之於太后。太后微愧於心。……（魏書五五） 北史四二

又崔挺傳。光州故吏聞其凶問。莫不悲感。共鑄八尺銅像於城東廣

因奏。起八關新道至寶雞。（五七傳）北史卅二傳

又子孝直，領余謝子良。……錢以時限。留句稽集。共子諸運川之。

（五七傳）

魏書楊播傳：播弟椿，除定州刺史。……椿在州。因修黑山道餘功。伐木私造佛寺。役使兵力。為御史所劾。除名為庶人。（五八傳）北史四一傳

又蕭寶夤傳：延昌……明年。遷……冀州刺史。及大乘賊起。寶夤遣軍討之。頻為賊破。臺軍至。乃滅之。（五九傳）北史廿九傳

又蕭寶夤兄寶[illegible]（卷）子贊。……本名綜。……為……齊州刺史。……尒朱兆入洛。為城民趙洛周所逐。……贊棄州。為沙門。潛詣長白山。未幾。趣白鹿山。至陽平。遇病而卒。（五九傳）北史廿九附

魏书李彪传：彪有女，幼而聪令，彪每奇之，教之书学，读诵经传……
……彪亡后，世宗闻其名，召为婕妤，以礼迎引。婕妤在宫，常教帝妹
书，诵授经史。——后宫咸师宗之。世宗崩，为比丘尼，通习经
义，法座讲说，诸僧叹重之。
又张彝传：……除……秦州刺史……为国造佛寺，名曰兴皇，诸
有罪咎者，随其轻重，谪为土木之功，无复鞭杖之罚。
彝年向六十，加之风疾，而自强人事，孜孜无怠。以私法集，衣冠
从事，延请道俗，修营斋讲。神龟二年二月，羽林虎贲……
直造其第，曳彝堂下，捶辱极意。——焚其屋宇。始均、仲瑀
而之当时踰北垣而走。始均回救其父。……羽林等就加殴击。

生於之於煙火之中。及日尸骸。石復可識。唯以器中小錢為驗。

……表僧有路常。訪問寺與其時陳。興致於寺。(六の十一)此時前大

衆所起於龔臨之頂。遂於其之遺討平之。身所殺戮積尸數萬。

給埋以頒中為功績。思軍士重以首級為功。乃令檢集人首級

和丁時共執之於[illegible]后陵。開劍追悼。見此莫不傷心。及給埋之

死也。給米於於煙炭之頂。有焦爛之痛。論者頗亦推答焉。(六の十一)

頗有禪賢付身堂房書請佛書。(六の十一)

又李崇傳付東上表論興學。兼分石窟鐫琢之勞。(六の十四) 靈太后時

又崔光傳。靈太后幸永寧寺。親登九層佛圖。光表諫曰。……永寧

累級閣道回隆。……寶興中專……九七級。……便為上火所焚(六

太后幸嵩山佛寺光上表諫不從(六の十五)

七帖

業行佛法。禪拜讀誦。夜而逾甚。經日惰之。未嘗暫息。每

於門下爵書之讀經。有鶴飛集膝前。遂又於依侍僧上爵。久之

乃去。遂使僧譯討取者數十人。與其門朝集讀維摩十地經。

聽時常數百人。取其二經著疏三十餘卷。許時知其疏過以其

書為後世於講讀之雜文法[illegible]世者

又見第朋友稱以佛道。晝夜誦經。每人見之。丁所生。遂葉合經典。

莫覺按下。修行勵節。自是所以降。頻歲不登。飢寒請乞之。皆取

是而去。至還旅於當時。出面大路之地。深合以供其[illegible]之上

又見從祖弟長文郎吾申。出其持於廣州留平州刺史。遂字可讀

佛經。不莫覺之。[illegible]

魏書甄琛傳 著會通、獨案三論（六八下）

又高聰傳 聰有妓十餘人，有子無子，皆注籍爲妾，以悅其情。及病，不欲他人得之，並令焚指吞炭，出家爲尼（六八上）

又裴延儁傳 時世宗專心釋典，不事墳籍，延儁上疏諫（六九下 北史卅八）

又裴叔業傳 叔業長兄子彥先，正始中，行渤海相，會元愉作逆，徵兵郡縣，彥先不從，爲愉拘執，踰獄得免，仍爲沙門，潛行至洛（七一上）

又子約傳 冀州大乘賊起，敕爲別將，行渤海郡事，以州軍討賊而破，遂圍郡城，城陷見害（又七一上 北史四五）

又植傳 植叔業兄叔寶子也，大善釋典（又七一上），臨終，神志自若，遺令子弟命盡之後。翦落鬚髮。被以法服。以沙門禮葬於嵩高之陰。……

……植□□也。其母年踰七十。以身為婢。自施三寶。布衣麻菲。

手執箕帚。於沙門寺灑掃。植弟瑜粲衍並亦奴僕之服。泣涕而

從。有感道俗。諸子各以布帛數百贖免。其母於是出家為比丘

尼。入嵩高。積歲乃還。（魏七一[illegible]）北史四五下

又魏裴粲性好釋學。親昇講座。雖持義未精。而風韻可觀。但不涉

經史。終為知音所輕。莊帝初。出為……膠州刺史……時青

州叛賊耿翔。受蕭衍假署。寇亂三齊。粲唯高談虛論。不事防禦

之術。翔乘其無備。掩襲州城。左右白言賊至。粲云。豈有此理。左

右又言已入州門。粲乃徐云。耿王可引上聽事。自餘部眾。且付

域外人。其不逢時實如此。而翻所害。道昔蓋於斯。(七一上)　此史異耶

魏書陽尼傳：徽拜秘書郎。奏佛道宜在史錄。(七二上)

又陽固傳：固，陽尼從弟。時世宗廣訪得失。固上讜言表。……絶談虛窮微之論。簡桑門無用之費。(七二下)　初世宗委任群下。不甚親覽。好桑門之法。(七二下)　此史

又李叔虎傳：元叔寶、張昌本。叔寶爲和壽户及從弟同自沙門法慶反。陷破郡縣。叔寶亦坐逃竄。死於晉陽獄。(七二下)

又賈思伯傳：思伯久居州郡。及歸京師。多所辯擇而尤信佛道。撰其居宅。以立寺塔。凡歷四州。皆有建置。思伯於嵩山立佛圖三層。先死。忽夢崩壞。沙門曾爲釋云。擅封當不吉利。無人供

養佛圖。敬韻耳。康生權巧。竟屈猶（七三）北史
魏書云爾朱兆傳：帝步出雲龍門外。爲兆騎所縶。幽於永寧佛寺。
兆殺於何晉陽圖射獵。遂害帝於三級寺。（七五）
又云爾朱彥伯傳：廢帝幸龍花佛寺。彥伯敦喻往來。甚有勤誠。（七
五）
又彥伯弟仲遠云云，弟世隆云云：與兄弟謀。以元曄疏遠。欲推
立節閔帝。而爾朱度律意在寶炬。乃曰：廣陵不言。何以主天下。
世隆兄彥伯密相敦喻。乃與度律同往龍花佛寺觀之。後知其
語。遂謁廣陵。（七五）
又羊深傳：靈太后曾幸邙山。集僧尼齋會。公卿盡在座。（七七）北史

魏書高謙之傳：涼國盛事佛道。為論説之。因稱佛是九流之一家。當世名士。競以佛理來難。謙之還以佛義對之。竟不能屈。（七七 10上）北史五十九上

又孫紹傳：先著釋老論。辭不具載。時有可存。（七八 1上）

又張普惠傳：又以國家不親郊祀。而崇佛法。郊廟之事。多委有司。上疏曰……滅損劇名。近供無事之僧。崇飾雲殿。遠邀未然之報。……（七八 4上）北史卷六

又陽固傳：固好音律陰陽釋氏之學。（七九 5上）北史卷六

又張熠傳：永寧中。寺塔大興。經營務廣。靈太后曾幸作所。凡有顧問。熠敷陳指畫。無所遺闕。太后善之。（七九 7上）北史卷六

又山偉傳：先是偉與儀曹郎袁昇。屯田郎李延孝。外兵郎李奐三

公頃王延業方奮而行。佛必居焉。路逢一尼。謂之頌曰。此業緣業。同日而死。謂佛曰。吾方逆天子。當作拘官。而昇華之人。皆於日陰迎官。聚以共言。以下分一作迎幸北 北史

魏書遇延傳延為政不討仁厚。而行佛法。自出家財。在諸州鎮建佛圖精舍。合七十二處。寫三十六部經。一切延致名德沙門。日與講論。精勤不倦。所費亦不貲。而在洲州營塔寺。多在高山秀阜。傷殺人牛。有沙門勸止之。延曰。成就以人牛見佛圖。寧知殺人牛也。其北邙寺碑文。中書侍郎賈元壽之詞。高祖頻登北邙寺。親讀碑[redacted]文。稱為佳作。以二上述北史

又胡國珍傳后父靈太國珍年雖篤老。而雅敬佛法。時事齋潔。自禮拜

經。……神龜元年四月自七月後所建佛像靈第。至閶闔門。四日
里。八日。又高觀傳。晚乃皆此。帶其指者。因並寢疾。……十二日
義。年八十。……詔自招義至七十七。皆為詔千佛齋。令七人出家。
百[redacted]日詔蜀人齋。二八出家。先是唐駁言所有出。勸令為嚴僧之
之法。闕跨指而不復。云書無有定本。推僧標以釋之。（八三下）江
8下 史
魏書儒林傳劉獻之傳：涅槃經。未就而卒。（八四上）
二下 北史
又孫惠蔚傳：魏初已來。儒生寒官。惠蔚最為顯達。先單名蔚。正始中。
侍講禁內。夜論佛經。有愜帝旨。詔使加惠。號惠蔚法師焉。（八四下）
二6下 北史
又盧景裕傳：景裕與邢子才魏[redacted]李景魏收邢昕等同徵赴鄴。景裕寓託
僧寺。講聽不已。未幾。歸本郡。河間邢摩納與景裕從兄仲禮據

鄉作逆。逼其同反。以應元寶炬。齊獻武王命都督賀拔仁討平（西魏）（神）

之。止　又好釋氏。通其大義。天竺胡沙門道悕。每譯諸經論。輒託

景裕為之序。景裕之敗也。繫晉陽獄。至心誦經。枷鎖自脫。是時

又有人負罪當死。夢沙門教講經。覺時如所夢。默誦千遍。臨刑

刀折。主者以聞。赦之。此經遂行於世。號曰高王觀世音。止（八十四）卅　北史

魏書節義傳王玄威。顯祖崩。玄威立草廬於州城門外。衰裳蔬粥。

哭踊無時。及至百日。乃自竭家財。設四百人齋會。忌日又設百

人供。止（八十七）

又酷吏傳李洪之。少為沙門。晚乃還俗。止（八十九）、卅　北史

又高子傳……詔廷尉少卿鄭述祖鞫。皆為所詐。先是沙門道登遂

道登。之以道登荷寵於高祖，多年以從。深仗之。道登雖因言次申
啟教道。帝不有納。遂諮述賜道登。時道子之榮請誘諭寬，猶恃
道登。不時還赴。道登知事決，方乃還道。（卷九十二 北史）
魏書襄史付法教授，是已屬綠。遂有清河王懌。懌從書段氏多
有受納。今但云因事白請，今寔屬道。以教授。日高祖賜（卷九 北史）
又谷楷傳 沙門法慶反於冀州，雖大軍討破，而妖帥尚未除。
詔楷諸冀州追捕，皆擒獲之。（卷九 北史）
又逸士傳 馮亮少博覽諸書。又篤好佛理。隨道恭至義陽。平北
將軍蔡道恭之甥 令中山王英平義陽而獲焉。英素聞其名。以禮接待。
亮性清淨。亮因隱居嵩高。…… 世宗嘗召以為羽林監，領中書

舍人。將令侍講十地諸經。固辭不拜。又欲使衣幘入見。亮苦求
以幅巾就朝。遂不強逼。還山數年。與徒禮誦為業。蔬食飲水。
有終焉之志。會逆人王敞事發。連山中沙門。而亮被執赴尚
書。十餘日。詔特免雪。亮不敢還山。遂寓居景明寺。……後思其舊
居。復還山室。亮既雅愛山水。又兼巧思。結架巖林。甚得栖遊之
適。頗以此聞。世宗給其功力。令與沙門統僧暹。河南尹甄琛等
周視嵩高形勝之處。遂造閑居佛寺。林泉既奇。營製又美。曲盡
山居之妙。亮時出京師。延昌二年冬。因遇篤疾。世宗敕以馬輿
送令還山。居嵩高道場寺。數日而卒。……遺誡……左手持板右手執孝經一卷置尸盤石
上。去人數里外。積十餘日。乃焚於山。以灰燼處起佛塔經藏。初

亮以盛冬喪。時連日驟雪。窮山荒澗。鳥獸飢窘。僵尸山野。無所防護。時有寺僧道人患害每旦往省其尸。拂去塵霰。禽蟲之跡。交横左右。而初無侵毁。衣服如本。唯風吹幗巾。又以亮識舊南方法師信。大栗十枚。言期之將來十地果報。開亮手。以置把中。經宿。乃爲蟲鳥盜食。皮殼在地。而亦不傷肌體。焚燎之日。有素霧蓊鬱。迴繞其傍。自地屬天。彌日不絕。山中道俗營助者百餘人。莫不異焉。（九十逸。北史來遊作南本作既）

魏書術藝傳殷紹。太安四年夏。上四序堪輿。表曰。臣以姚氏之世。行學伊川。時遇游遁大儒成公興。從求九章要術。興字廣明。自云膠東人也。山居隱跡。希在人間。興將臣南到陽翟九崖巖

沙門釋曇影間。興卽北還。臣獨留住。依止影所。求請九章。影復
將臣向長廣東山。見道人法穆。〻〻時共影爲臣開述九章數
家雜要。披釋章次。意況大旨。又演隱審五藏六府心髓血脈商
功大算端部。變化玄象。土圭周髀。練精銳思。蘊習四年。從穆所
聞。粗皆髣髴。穆等仁矜。特垂憂閔。復以先師和公所注黃帝四
序經文三十六卷。合有三百二十四章。專說天地陰陽之本。〻〻〻
〻〻^以此經文傳授於臣。山神禁嚴。不得齎出。〻〻山（延）北史九〇下
又李修傳。^父亮少學醫術。〻〻〻又就沙門僧坦。研習衆方。略盡其術。（延）
又王顯。世宗夜崩。〻〻〻顯既蒙任遇。兼爲法官。恃勢使威。爲時所
疾。朝宰託以侍療無效。執之禁中。詔削爵位。臨執呼冤。直閤以

刀鐶撞其腋下。傷中吐血。至右衛府。一宿死。始顯祖初不識生。
有沙門。相顯以當富貴。誠其勿泄。官之。乃啟。由是世宗時
歲餘令其遊於吏部。與殷勤通之。及世宗崩。肅宗即位。嵩貪
冊。於儀須兼太尉。乃吏部倉卒。百官不具。以顯兼吏部行事。
（天一四上）九一四上 北史
又崔彧少嘗詣青州。逢隱逸沙門。教以素問九卷及甲乙。遂善
醫術。（天一四上）
又世宗當宦時。諸郡人柳儉。殿中將軍閔文備。郭安興並機巧。洛
中製（郎）寧寺九層佛圖。安興為匠也。（天九一四上）
魏書恩倖傳王叡……沙門法秀謀逆。事發。多所牽引。叡曰。與其

緇衣革學教有罪。宜專斬首惡。餘從疑赦。不亦善乎。高祖從之。

得免於千餘人矣。（九三什下）　九二〇　北史

大藏　不謀之　不識之之　不亮少好節初。擢為中散。告沙門法秀反。

遷冠軍將軍。賜爵邵學侯。（九三什下）

大　王仲興[redacted]兄而久在徐州。材仲興寵幸。遷領司馬梁郡太守李

長壽。遂與兄謀。剋州諸沙門共相和附之之。（九三什下）　九二〇　北史

大　徐紇[redacted]紇機辯有智數。諸公之。然徐自不以為劉長直禁中。昭

無休息。時復與沙門論議。或時宵達曙。而力無疲色。然後寢眠

之之。（九三什下）

大　閹官傳　平季。父雅。州秀才。與沙門法秀謀反。伏誅。季坐腐刑。（九）

の外北

又，李津初冀州大乘賊起。詔津爲別將。津以不居桑梓，以不爲鄉里所陋。

津又遷，以討大乘功，除右中郎將。（兵の北）

魏芳徐阿慕容廆付照，及荷氏死。……劉百古賁臨。沙門素服。（九五北）

又僧曾司馬叡付諸文，於是六乃誦經而入。置導於積文。……不肯殺。曰：佛教自殺者不復人身。乃以披捧殺之。（九六北）

又島夷桓玄傳：玄乃留桓偉守江陵，率軍東下。玄表曰：乃建牙傳檄。因集揚州刺史夫鑣。……八日觀佛。時人子女，至人家宿。居突搶之。（九七北）

魏書島夷劉裕傳：「駿於新亭道中興佛寺設齋。忽有一僧。形貌有異。衆皆愕然。問其名。答云。名惠明。從天安寺來。言竟。倏然而滅。乃改爲天安寺。」（九七2下）

又「子業自以昔在東宮。不爲駿所愛。及即位。常引毀其墓。乃遣壞駿所寵殷氏家。殷死。駿爲之造新安寺。於是壞之。復行誅諸遠近尼僧。」（九七1下）

又島夷蕭衍傳：「禰諸寺藏錢。皆入衆法堂。以充軍實。侯景亦稍承付。」（九[illegible]）

又「衍常信佛道。於建業起同泰寺。又於故宅立光宅寺。於鍾山立大愛敬寺。兼營長干二寺。皆窮工極巧。殫竭財力。百姓苦之。嘗設齋會。自以身施同泰寺爲奴。其朝臣三表不許。於是內外

百官。共斂珍寶而贖之。衍每禮佛。舍其法服。著乾陀袈裟。令其
王侯子弟皆學佛義。衍事佛精苦。稱和以菩薩之號。其臣下
奏表上書。亦稱衍爲皇帝菩薩。……衍自以持戒。乃至祭其祖
禰。不設牢牲。時人皆竊云。雖僭司王付。其共宗廟實不血食矣。
衍未敗前。災其同泰寺。……凡八條

魏書沮渠蒙遜傳有三子牧犍之尚世大祖妹武威公主。初牧犍淫嫂
李氏。兄弟三人傳嬖之。李與牧犍姊共毒公主。上遣解毒醫乘傳
救公主。得愈。上徵李氏。牧犍不遣。厚送居於酒泉。上大怒。既克。
猶以妹婿待之。……真君八年。其所親人及守藏者告之。……
乃告牧犍父子多蓄毒藥。前後隱竊殺人。乃有百數。姊妹皆爲

左道。聞行淨僕。多無賴類。招聚沙門曰量善衆入鄴縣。自
云能使鬼治病。令婦人多子。與鄴縣主簿樓曼頭陀林和通。蓄黨。
云尋像州。蒙道龍之。號曰聖人。莫無識以男女為樓之樹義接
婦人蒙道誡女子婦皆往受諸無識閱誡行人言無無識之術。
乃為無無識蒙道不過。遂蒙錄其亂。挾識殺之。乃此事知之。殺
是以聯儀狙渠民死。諸其宗族。……（卷九九）九三 北史
魏書西域傳。初熙平中。肅宗遣王伏子統宋雲沙門法力等使西
域。請求佛經。時有沙門慧生者亦與俱行。正光中還。慧生所經
諸國。不能知其本末及山川里數。蓋舉其略云。（卷一〇二）八三 北史
又天象志延昌三年。十一月。丁巳。嵩州沙門劉僧紹聚衆反。自號

浮居國以法至。州郡捕斬之。（魏紀四下）

又天和五年。二月。沙門法秀謀反。伏誅。（魏紀七上）

魏書律曆志。神龜初。光崔光復表曰。[redacted]

……及雍州沙門統道融。……隨合九家。共成一曆。……請定

名爲神龜曆。……肅宗以曆就。大赦改元。因名正光曆。班於天

下。（魏志下）

又禮志……顯祖深愍生命。乃詔曰。……其命有司。非郊天地宗

廟社稷之祀。皆無用牲。於是群祀悉用酒脯。（魏禮志上）

又食貨志。莊帝初。承喪亂之後。倉廩虛罄。遂班入粟之制。……諸

沙門有輸粟四千石入京倉者。授本州統。若無本州者。授大州

穀。若不入京倉入外州郡倉者。三千石畿郡都統。依州格。若輸
五百石入京倉者。授本郡維那。其無本郡者授以外郡。粟入外州
郡倉七百石者。京倉三百石者。授本州維那。（釋十上）
魏書靈徵志　太和五年。二月。沙門法秀謀反。（釋十二上下）
又永平三年。十二月。秦州沙門劉光秀謀反。（釋十二上）
又高宗太安五年春。三月。肥如城內大古私廬舍。焚燒略盡。唯
有東西二寺佛圖像舍。火獨不及。（釋十二上）
又出帝永熙三年。二月。永寧寺九層佛圖災。既而時人咸言。有人
見佛圖飛入東海中。……（釋十二上）
又三月。并州三級寺南門災。（釋十二上）

又「大和十六年。十一月。乙亥。高祖與沙門道登幸侍中省。日入六數。見一鬼。衣黃褶袴。當戶將入。高祖以爲人。叱之而退。問諸左右。咸言不見。唯帝與道登見之。」(廿四)

又「大和十九年。六月。徐州表言丈八銅像汗流於地。」(廿)

又「永安、普泰、永熙中。京師平等寺定光金像每流汗。國有事變。時咸畏異之。」(廿)

又「永安三年。二月。京師民家有二銅像。各長尺餘。一頭下生白毫四。一頸旁生黑毫一。」(廿)

北齊書神武帝紀。天平元年。二月。永寧寺九層浮圖災。既而人有「從東萊至。云及海上人咸見之於海中。俄而霧起。乃滅。」(廿)

又神武有疾。……神武曰。……隋相樂本作道人。以和尚從之首
當得其力。（已述）
又文宣帝紀。晉陽有沙門。乍愚乍智。時人不測。呼為阿禿師。帝嘗
與諸尼共見之。歷問祿位。至帝。舉手再三指天而已。口無所言。
見者異之。（以上同述）北史七
又天保七年五月。是月。帝以肉為斷慈。遂不復食。（以上同述）北史七
又八年夏四月。庚午。詔諸取蝦蟹蜆蛤之類。悉令停斷。唯聽捕魚。
乙酉。詔公私鷹鷂。俱亦禁絕。（以上同述）北史七
又八月庚辰。詔丘郊禘祫時祀。皆仰市取少牢。不得剖割。有司監
視。歲令豐備。農社先蠶。酒肉而已。雩禖風雨。司民司祿。靈星雜

祀。果餅酒脯。唯當務盡誠敬。義同如在。同上 北史七卷

又九年二月己丑。詔限仲冬一月燎野。不得他時行火。損昆蟲草木。同上 北史七卷

又十二月是月。起大莊嚴寺。同上 北史七卷

又十年正月甲寅。帝如遼陽甘露寺。二二二月。丙戌。帝於甘露寺禪居深觀。唯軍國大政奏聞。同上 北史七卷

又廢帝紀[redacted]乾明元年正月。詔斷屠殺以順春令。七上 北史八卷

又二年秋八月。辛丑。詔以三臺宮為大興聖寺。七上 北史八卷

又後主紀。天統二年三月乙巳。太上皇帝詔以三臺施興聖寺。同上 北史八卷

又五年春正月。辛亥。詔以金鳳等三臺未入寺者施大興聖寺。（北史八 4下）

又二月。乙丑。〻〻〻又詔禁網捕鷹鷂及畜養籠放之物。（北史八 4下）

又夏四月。甲子。詔以并州尚書省為大基聖寺。晉祠為大崇皇寺。（北史八 4下）

又武平七年春正月。壬辰。詔去秋已來。水潦人饑不自立者。所在付大寺及諸富戶。濟其性命。（北史八 4上）

又[redacted]以災異寇盜水旱。不貶損。唯諸處設齋。以此為修德。（北史八 8上）

（同上）鑿晉陽西山為大佛像。一夜然油萬盆。光照宮內。又為胡昭儀起大慈寺。未成。改為穆皇后大寶林寺。窮極工巧。運石

填冢。常貴信詐。人生死者不可勝紀也。（見注）北史八 8下

書文宣皇后李氏，齊武……精車載送妙勝尼寺。后性愛佛法。因以為尼也。（見注）北史十 3下

又齊武成皇后胡氏，安定胡延之女。其母范陽盧道約女。初懷孕，有胡僧詣門曰：此宅瓠蘆中有月也。（見注）自武成崩，後數出詣佛寺。又與沙門曇獻通。布金錢於獻席下。又挂寶裝胡床於獻屋壁。武成平生之所御也。乃置百僧於內殿，託以聽講，日夜與曇獻寢處。以獻為昭玄統。僧徒遙指太后以弄曇獻。乃至有詔之。太上皇帝聞太后不謹，而未之信。後朝太后，見二少尼，悅而召之，乃男子也。於是曇獻事亦發，並伏法。並殺元山王三郡君。

皆太后之所賜也。（九丁）北史

又胡主皇后胡氏傳：胡后者鳥。嗚后出。立副女髮。遂令還家。（廿丁）北史 十四卷

[redacted]有高祖十一子傳：初，掖上言曰：高着黑衣。由是自神黑衣出

行者明見沙門為黑衣所也。上遂問覽（廿丁）

王□傳

又任城王清之，乃與同見于虛氏。端斜斯織，達貴諸西長

高不言笑，微笑之。乃為尼。（廿丁）

又文襄六王傳：河間王孝琬得孝琬得佛牙。置於第內，夜有神光

照室。玄都法師請以奏聞。不從。帝聞之。使搜之。……此（十二丁）北史 五十二之上

又南陽王延宗，從蘭陵王蘭陵王長恭把郭氏以頌擇施佛。廣寧王廣寧

王孝使讀之。延宗手書以諫。而廣國氏也。（十二丁）

折

[illegible]陽州公永樂附 神武從祖弟長弼。小名阿伽。出入城市。好毆擊行路。時人皆呼為阿伽郎君。以宗室封廣武王。時有天恩道人。至凶暴。橫行閭肆。後入長弼黨。專以鬬為事。文宣並收掩付獄。天恩黨十餘人皆棄市。長弼鞭一百。(下の紙止)北史五一

上洛王思宗附從子 神武 元海。累遷散騎常侍。願處山林。修行釋典。文宣許之。乃入林慮山。經二年。絕棄人事。志不能固。自啟求歸。徵復本任。便縱酒肆情。廣納姬侍。(下の紙止)北史五一 元海好亂樂禍。然詐仁慈。不飲酒啖肉。文宣天保末年。敬信內法。乃至宗廟不血食。皆元海所說。及為右僕射。又說後主禁屠宰。斷酤酒。然本心非靖。故終致覆敗。(下の紙止)上 元海之海勸武成幸晉陽。未幾非其

附與祖珽共構殺斛律遂陸大姬自蓋亦不自安恐周建德

七年移鄴城除遂講列女不時識者亦以不論也

此言當書竇泰傳天平三年神武西討令泰自潼關入四年泰至小

關為周文帝所襲眾盡沒泰自殺初泰母夢鬼之有靈化焉詳

知實月藏至多同未引之事應三更但有係於斯憤中人入

蓋之頭書中驗縮直為史實其人入林為妖而去見狀異

餘了是乃知非人且知其出處（另上）

此言當騎策倬子著言時見內傳為柯稱民目及僕儒緣焉今

關於紀念程推（十二日紙）

又高陵之詩及其月隱情何至雷同耶抑陵之傳中亦有及傳誤

舒御史中尉。虞贊人也。少有意操。爲高穆所哀。（甲八五）

又陽……案孫幼居。事了爲出。（甲七一）

又薛（?）傳贊。陽於帝時。[illegible]以白爲負佛理遂終。周主日昔（?）[illegible]大

[illegible]傳於此事。形制請於。世所[illegible]古制。[illegible]傳[illegible]知[illegible]後[illegible]

三十志載爲九。論其事語皆因此時議。天平初[illegible]（?）[illegible]州刺史[illegible]

[illegible]舊有事。天平初尚書[illegible]

[illegible]了說自握程制[illegible]用[illegible]一卷[illegible]相[illegible]

天下之道[illegible]其[illegible]多[illegible]相[illegible]論[illegible]自不[illegible]。（甲九二）

又劉其傳。志事傳鮑直之事。據[illegible]而言傳第一。[illegible]今年[illegible]作[illegible]

語。翻[illegible][illegible]傳[illegible]之[illegible]可法。劫[illegible]中[illegible]傳於李[illegible]林而共序。（甲九五）

又王[illegible]傳元象初。除[illegible]州刺史。劉[illegible]但[illegible]會[illegible]形[illegible]非[illegible][illegible]京[illegible]

[illegible]又以[illegible]於財[illegible]自[illegible]陽[illegible]者其[illegible]家。（甲九七）

北齊書封隆之傳。初延昌中。道人法慶。作亂冀方。自號大乘。衆至五萬餘。遣大都督元遙及隆之擒獲法慶。歸葬於鄴子。（廿一頁）

又隆之弟子孝琰〃〃。弟孝琰謂以本右丞尚書左丞。其所彈射。多承意旨。時有道人曇獻。為皇太后所幸。賞賜隆厚。車服過度。又乞爲沙門統。後主意不許。但太后數以爲言。遂用之。然國書孝城虜。因有僧尼以他事訴競者。有引曇獻。上令有司推劾。孝琰其失為綱紀紛緒。致移稱法國撫其家。方據論異。其以法在。由曇獻授左丞。仍令廣門下事。（卅一頁）

北史同下

又魏蘭根傳。蘭根騎之死。蘭根十讓。生宅遂移寺。常年方加讓責。蘭根窮博。乃移病解僕射。（卅三頁）

北齊書杜弼傳：嘗使詣闕。魏帝見之於九龍殿。[redacted]……問經中佛性法性，為一為異。……上使前，勞勉，乃引入侍宴。顧付此科經一部，第二百四。其元象時……弼性好名理，探味玄宗。自在軍旅，帶經從役。注老子道德經二卷，表上之。（四也）……六年四月八日，魏帝集名僧於顯陽殿，講說佛理。弼與吏部尚書楊愔、中書令邢卲、秘書監魏收等並侍法筵。敕弼升師子座，當眾敷演。昭玄都僧達及僧道順並緇林之英，問難鋒至，往復數十番，莫能屈。帝曰：此賢若生孔門，則何如也。（四也）

又崔暹傳：魏梁通和，要貴皆遣人隨聘使交易。暹唯寄求佛經。梁武帝聞之，為繕寫，以幡花寶蓋讚唄送至館。然而好大言，調厲宗紀。昔令河內呼南蕃佛塔隱而置之。則得諸江表子遷家。

第十三。無帝(全)儒生權去教才說(頗)圓了兩字。乃集經業名流。全書。

梁尉寓居園陵。遂(同)郡(睦)駐伸儀同屋頭之。雖書(同)攢(仲議)泰為司徒中郎。

鄴下為之語曰。僧射而則得中郎。此時道之語也。(冊止)(仲議官在右政)(卅史　卅止)

北齊書高德政傳。德政去(?)職。乃稱(移)病。屏居佛寺。兼學坐禪。(冊止)祖斟

時(宣付史)(卅史　卅止)

又王昕傳弟晞……小名沙彌。(冊止)

又陸法和傳卅二　北齊書　畢之帝以法和爲都督郢州刺史……郢

數千人。通呼爲弟子。唯以道術爲化。不以法獄加人。又列肆之

內。不立市丞。牧佐之法。無人領受。但以空檻籥在道間。上安一

又以宦錢買宦者人。隨貨易之。計其值限。自盡檻中。行幸之處。

又有王顧傳其孔目。靜之推義。（卅二之廿一）

北齊楊愔傳：尚騰翠使立。尋碩職用。州內有情寫舊佛寺。不積

盧穆務。見大傳寫像。遊哉協哭。路血灑地。遂蒼痛而成行。興疾

[illegible]鄴。（卅の廿二） 北史92上

又暴顯傳：幼時見一沙門，指之曰：此郎子有好相表。大必為良將。

貴極人臣。語終失僧，莫知所去。（四八之廿） 北史五三卅

又皮景和傳：陳將吳明徹寇淮南。令景和率衆拒之。……軍副祖

口。……時有陽平人鄭子饒。詐依佛道。設齋會。用米麵不多。供

贍甚廣。密從地藏。漸出餅飯。愚人以為神力。見信於魏衛之間。

将兵逆亮。侯渊擒讨偏逸。乃潜度河。竖槊中。四墙长崇之。（自说）

除齐氏殄。来聚紫南兖州城。景和自南兖州遣斩拔古营破之。

彭首十年佛像灵。携子俊。道平（鄴）师重之。（四之一）北史五三所

北齐书卢潜传云……：陈潜扬州刺史。领行台尚书。潜在淮南

十三年。任总军民。大树风绩……：武平三年。征为五兵尚书。扬

州吏民。以潜断酒肉。笃信释氏。大设僧会。以[illegible]华缘道流

师道之。（四之二）北史卅什

又弟到侍郎家传素业。闺门修饰。为世所称。一门女不再醮。魏大

和中。于兖州造一尼寺。女寡居无子者。并出家为尼。咸存戒行。

（四之三）北史卅九所

北齊書孫靈暉傳：從綽南陽王綽除定州刺史，隨之鎮，又

除大將軍，暉以王師領大將軍司馬。

誅。每至七日。及百日終。靈暉恒為綽請僧設齋。轉經行道。（四四下）

又蘇瓊傳：瓊性清慎。……道人道研為濟州沙門統，資產巨富，在

郡多有出息，常得郡縣為徵。及欲求謁，度知其意，每見則談問

玄理。應對肅敬。研雖為債數來。無由啟口。……（四六下）北史八六

又還左丞，行徐州事。徐州城中五級寺忽被盜銅像一百軀……

（四六上）

又酷吏畢義雲傳：義雲赴晉陽，高元海族親，數與相依附，知其

信向釋氏，常隨之僧請為此齋。新所有武……（四七下）北史卅九

周書武帝紀：天和三年八月癸酉，帝御大德殿，集百僚及沙門道

寺觀祀諸佛。止（見周書）

又四年二月戊辰，帝御大德殿，集百僚道士沙門等，討論釋老義。

……五月己丑，帝製象經成，集百僚講說。止（見周書）

又建德元年春正月戊午，帝幸玄都觀，親御法座講說，公卿道俗

論難……止（見周書）

又二年十二月癸巳，集群臣及沙門道士等，帝升高座，辨釋三教

先後，以儒教為先，道教為次，佛教為後。止（見周書）

道教門

又靜帝祀宣帝廟……大天中大皇后陳氏，天右大皇后元氏，天

左大皇后尉遲氏並出俗為尼。止（見周書）

周書皇后傳孝閔帝之皇后，帝被廢。后出俗為尼。(五下)

又武帝李皇后，隋開皇元年三月，出俗為尼，改名常悲。八年，殂，年五十九。以尼禮葬於京城。(五下)

又宣帝朱皇后，隋開皇元年，出俗為尼，名法淨。六年，殂，年四十八。以尼禮葬京城。(五上)

又宣帝陳皇后，帝崩，后出家為尼。(五上)

又宣帝元皇后，帝崩，后出俗為尼，改名華勝。(五下)

又宣帝尉遲皇后，帝崩，后出俗為尼。(五下)

又齊煬王憲傳：齊任城王湝、廣寧王孝珩等據守信都。……高祖復詔憲討之。……大[illegible]賞募。多出金帛。沙門求為戰士者亦數[illegible]

十八。（甲二錄）

周書柳慶傳（節）：以本官兼雍州別駕。……有賈人，持金二十斤，詣京師交易。寄人停止。每欲出行，常自執管鑰。無何。緘閉不異，而失之。謂主人所竊。郡縣訊問。主人遂自誣服。慶聞而歎之。乃召問賈人曰。卿鑰恒置何處。對曰。恒自帶之。慶曰。頗與人同宿乎。曰。無。與人同飲乎。曰。日者曾與一沙門再度酣宴。醉而晝寢。慶曰。主人特以痛自誣。非盜也。彼沙門乃真盜耳。即遣吏逮捕沙門。乃懷金逃匿。後捕得。盡獲所失之金。（甲二錄）

又蘇綽傳（綽）。又著佛性論七經論。並行於世。（甲三錄）

又薛善傳弟慎。大祖雅好談論。並簡名僧深識玄宗者一百人。於

第内講説。又命慎等十二人兼學佛義。使内外俱通。由是四方
競爲大乘之學。（卷四十）

周書寇儁傳：以靈太后臨朝。減食禄官十分之一。造永寧佛寺。令
儁典之。資費巨萬。主吏不能欺隱。寺成。又極壯麗。靈太后嘉之。
（卷三十七）

又亞孔傳：少爲沙門。（卷四十五）

又儒林傳盧光之：性崇佛道。至誠信敬。嘗從太祖狩於檀臺山。時
獵圍既合。太祖遥指山上。謂羣公等曰。公等有所見不。咸曰無
所見。光獨曰。見一桑門。太祖曰。是也。即解圍而還。令光於桑門
立處造浮圖。掘基一丈。得瓦鉢錫杖各一。太祖稱歎。因立寺焉。

（周四五儒）北史八二

又沈重：天和中，復於紫極殿講三教義。朝士、儒生、桑門、道士至者二千餘人。……陰陽圖緯，道經釋典，靡不畢綜。（同上）

史臣曰：前所稱沈重學，非止六經而已。至於天文律曆，陰陽緯候，流略所載，釋老之典，靡不博綜，窮其幽賾。……（同上）

又孝義傳皇甫遐：保定末，又遭母喪。乃廬於墓側，負土為墳。復於墓南作一禪窟。陰雨則穿窟，晴霽則營墓。曉夕勤力，未嘗暫停。積以歲年，墳高數丈。周回五十餘步。禪窟重臺兩匝，總成十有二室。中間行道，可容百人。……遠近聞其至孝，競以米麵遺之。遐皆受而不食，悉以營佛齋焉。（周四六孝）北史八四又法之微妙極矣。其精持循釋典。〻〻元之年十六。其祖喪明。三年。元恒憂泣。晝夜讀佛經。禮拜。以祈福祐。後讀藥師經。見盲者得視之言。遂請七僧。然七燈。七日七夜轉藥師經行道。每言天人師乎。元為孫不孝。使祖喪明。今以燈光普施法界。願祖目見明。元求代闇。如此經七日。其夜夢見一老公（翁）。以金鎞治其祖目。謂元曰。勿憂悲也。三日之後。汝祖目必差。元於夢中喜躍。遂即驚覺。乃遍告家人。居三日。祖果明目。（周書孝義 北史孝行）

周書藝術傳。又有蜀郡衛元嵩。亦好言將來之事。蓋江左寶誌之流。天和中著詩。預論周隋廢興。及皇家受命。並有徵驗。性尤不信釋教。嘗上疏極論之。史失其事。故不為傳。（見[illegible]）

周書蕭詧傳附大圜傳，佛義，可以述

又：巋，詧之子。（巋）所著文集及孝經周易義記及大小乘幽微（十四卷），並於

世，可以述。　隋書六十九　巋後辯有才學，篤好內典，之上

又：甄玄成，以江陵甲士之豪，潛懷貳心。密書與梁元帝。中其識款。

遂有得其書者，進之于詧。詧信佛法，常願不殺誦法華經人。

玄成素誦法華經。遂以此獲免。詧後見之，常曰：甄公，好得法華

經力。可以述

北史魏本紀神武帝天平元年，神武自發晉陽，至此凡四十啓。

魏帝皆不答。九月，庚寅，神武至還於洛陽，乃遣僧道榮奉表關中。

又不答。乃集百僚沙門耆老，議所推立。……遂議立清河王世

子善見。……是爲孝靜帝。(四七上)沙門此子於伯四門(二上)

北史齊本紀顯祖文宣皇帝天保元年八月庚寅。詔曰。朕以虛寡。嗣弘王業。思所以贊揚盛績。播之萬古。雖史官執筆。有聞無墜。猶恐緒言遺美。時或未書。在位王公。文武大小。降及庶人。爰至僧徒。或親奉音旨。或承傳傍說。凡可載之文籍。悉宜條錄封上。(七二上)

又周本紀高祖武皇帝保定二年夏。四月。甲辰。以旱故禁屠宰。(甲上)

又后妃傳宣武靈皇后胡氏。有寵多道人。詐姑說。帝置於左右。大后慮其傳致消息。三月三日。於城南大巷中殺之。方懸賞募賊。(甲三上)

北史后妃傳文帝文皇后乙弗氏……文帝納悼后，命后遜居別宮，出家爲尼。悼后猶懷猜忌，復徙后居秦州，依子秦州刺史武都王。六年，大統春，蠕蠕舉國渡河，前驅已過夏州，有言虜爲悼后之故興此役……乃遣中常侍曹寵齎手敕令后自盡……召僧設供，令侍婢數十人出家，手爲落髮，事畢，乃入室，引被自覆而崩。（卷十三）

又恭帝皇后若干氏，後出家爲尼。（卷十三）

又李先傳 先少子皎，皎孫義徽，大和中……補清河王懌府記室。……性好才藝，甚善釋義。靈太后臨朝，屬有沙門惠憐，以咒水飲人，云能愈疾，百姓奔湊，日以千數。義徽白懌，稱其妖妄，因令

蕭儼草奏以諫。太后納其言。（畧止）

北史蕭大圜傳。簡文帝第二十子。大圜深信因果。心安閑放。（卅九〇上）

北史盧潛見盧玄傳武成……除潛揚州刺史。領行臺尚書。潛在淮南十三年。大樹風績。爲陳人所憚。……和平三年。徵爲五兵尚書。揚州吏人。以潛斷酒肉。篤信釋氏。大設僧會。以香花緣道流涕送之。……至鄴未幾。復爲揚州道行臺尚書。四年。陳將吳明徹來寇。……壽陽……陷。潛及……左丞李騊駼等俱將五十八軍士一萬皆沒焉。……時李騊駼將逃歸。并要潛。潛曰。我此頭面。何可誰人。吾少時相者云。沒在吳越地。死生已定。弟其行也。因寄書與弟士邃曰。吾夢汝以某月某日得患。某月某日漸損。

皆出其言。既而歎曰。事隋陷。書以頌無滅城而死。佛護不能自救。故莊蕭備矣。今可見矣。於是閉氣而絕。（四五〇）

北史盧辯同傳見盧永熙二年。平等浮屠成。孝武會萬僧於寺。石佛低舉其頭。終日乃止。帝禮拜之。辯曰。石立社移。自古有此。陛下何怪。（四四一）

北史崔暹傳崔挺先是僧尼猥濫。暹奏設科條。篇沙門法。上為昭玄都以檢約之。（四二五）

北史李靈傳玄孫燧之妹曰法行。幼好道。截指自誓不嫁。遂為尼。……（四三〇）

北史李孝伯傳見孫讚之弟子士謙丁母憂。居喪骨立。……士謙那闌。捨宅爲伽藍。……（四三，19下）陰叔 老作 曰：諸善談玄理。嘗有客坐不信佛家應報義。士謙喻之。……客又問三教優劣。士謙曰：佛，日也；道，月也；儒，五星也。客亦不能難而止。（四三，19上）（9/2）

北史李義深傳：又有李叢。……晚節則以貪污爲累。貧無居宅。寄止佛寺中。……（四三，19下）

北史楊逸傳（付楊播）：改光州刺史。……及其家禍，爾朱仲遠使於州害之。吏人如喪親戚。城邑村落營齋供，一月之中，所在不絕。（四一）

（一九）

又李庶傳（付李崇）：庶死於臨漳獄中。……庶妻，元羅女也。……更適趙起。嘗夢庶謂己曰：我薄福，託劉氏爲女。明旦當出。彼家若貧，恐

不討人嫌。夫妻之愛。故來相見告。更宜乞取我。劉家在七帝坊

十字街南東入窮巷是也。元氏不應。康日。更似惜趙之意。我自

説之。於是趙亦夢焉。趙[redacted]問妻。言之符合。遂持錢帛往求

劉氏。知所夢得之。養女。長而嫁焉。（冊三161上）

[redacted]

北史齊宗室諸王傳琅邪王儼（武成三子）武成第儼之未獲罪也。鄴城中有

白馬佛塔。是石季龍為澄[redacted]公所作。儼將修之。巫曰。若動此浮

圖。此城失主。不從。破至第二級。得白蛇長數丈。回旋失之。數旬

而敗。自是太后處儼於宮內。食必自嘗之。（冊二125）

北史來護兒傳……尉興慶……昔山之役。興慶救神武之危。而

僧所親。云云神變使來其尸葬之。於死處立浮圖。世謂為高子浮圖焉。（五三上）

北史文苑傳荀濟云云初與梁武帝布衣交。知梁武當王。然負氣不服。謂人曰。會盾上磨墨作檄文。或薦其才於梁武。云云曰。此人好亂者也。濟又上書譏佛法。言營費太甚。梁武將誅之。遂奔魏。（八三上）

北史藝術傳檀特師者。名惠豐。身為比丘。不知何許人。飲酒噉肉。語默無常。逆論來事。後皆如言。云云其事驗多如此也。御寇病死。（八□八上）

又初魏正光末。有沙門學相。遊懷朔。舉目見人。皆有富貴之表。以

南史無此釋。據其書也。而因皆言。乃知相法不虛也。（另九牡）

又陸法和。不知何許人也。隱於江陵百里洲。衣食居處。一與戒行沙門同。耆老自幼見之。容色常定。人莫能測也。初八疊山多惡疾人。法和為采藥療之。不過三服皆差。法和又為人置宅圖墓。此皆道士行徑。其刺郢州。部曲數千人。通呼為弟子。唯以道術為化。不以法獄加人。又列肆之所。不立市丞。牧佐之法。無人領受。但以空檻籥在道旁。上開一孔。以受錢。賈客店人。隨貨多少。計其估限。自委檻中。所掌之司。夕方開取。條其孔目。輸之於庫。又諸無津梁處。禁漁捕。自稱居士。造佛寺。務而告弟子凡孫。至時援書神佛。唯綵精而終。蓋其時佛法當盛故

材力形佛也（一九[illegible]至二上）

北史藝術傳：又有蜀郡衛元嵩者。亦好言將來事。蓋江左寶誌之流。天和中。遂著詩。預論周隋廢興及皇家受命。並有徵驗。尤不信釋教。嘗上疏極論之。（一九二下）

又李脩父亮。少學醫術。未能精究。太武時奔宋。又就沙門僧坦略盡其術。針灸授藥。罔不有效。徐兗間多所救恤。（一九[illegible]上）

又周[illegible]傳：孟樂死。靈太后爲設二百僧齋。（一九二[illegible]）

又僭偽附庸傳：梁帝蕭詧。幼好學。善屬文。尤長佛義。（一九三上）所著文集十五卷。內典華嚴般若法華金光明義疏三十六卷。並行於世。（[illegible]上）

蕭詧之三子巋。所著文集及孝經周易義記及大小乘

此微華行於世。（一上）

北史蠕蠕傳。永平四年。九月。醜奴遣沙門洪宣奉獻珠像。（九八上）

又突厥傳。有沙門惠琳。掠入突厥中。因謂佗鉢曰。齊國富強。皆為有佛法。遂說以因緣果報之理。佗鉢聞而信之。建一伽藍。遣使聘齊。求淨名涅槃華嚴等經。并十誦律。佗鉢亦躬自齋戒。遶塔行道。恨不生內地也。（九九上）

又序傳。涼武昭王庚子年。改元為建初。遣舍人黃始梁興間行奉表詣闕。是歲。乃自敦煌徙於酒泉。又以表未報。復遣沙門法泉間行通表建鄴。（百二上）

晉書圖讖

晉書武帝紀：泰始三年十二月，禁星氣讖緯之學。（三下）

又索靖傳：該博經史，兼通內緯。（六十上）

又藝術傳：戴洋，祖約問南地與壽爲丹，洋引河圖徵爲說。（九五上）

又鮑靚傳：靚學兼內外，明天文河洛書。（九五）

又黃泓傳：父沈，善天文秘術。泓從父受業，精妙踰深。……永嘉之亂，與渤海高瞻避地幽州。說瞻曰：……讖言真人出東北。……瞻不從。泓乃率宗族歸廆。（九五）

又臺產：少專京氏易，善圖讖、秘緯、天文、洛書、風角、星算、六日七分之學，尤善望氣、占候、推步之術。（九五上）

晉書石季龍載記：季龍廢子邃……稱居攝趙天王。……以讖
文天子當從東北來。於是備法駕，行自信都而還，以應之。（四下）
禁郡國不得私學星讖，敢有犯者誅。（四下）貝[redacted]人李弘因衆
心之怨，自言姓名應讖，遂連結姦黨，署置百寮。事發，誅之。連坐
者數千家。（五下）　初，讖言天滅石者陵。尋而石閔徙封蘭陵公。季龍
惡之，改蘭陵為武興郡。至是終為閔所滅。（二十六上）
晉書苻洪載記：時有說洪稱尊號者。洪亦以讖文有草付應王。又
其孫堅背有草付字。遂改姓苻氏。（三十二上）　苻生載記：健以讖
言三羊五眼應符，故立為太子。（二上）　王墮好天文圖緯。苻洪征
梁犢，以墮為司馬。謂洪曰：讖言苻氏應王，公其人也。洪深然之。
（六下）

晉書苻堅載記：禁老莊圖讖之學。（在王猛死後。已詳述）大元七年。堅欽素莉揚。將謀大寇。……而堅即僭位。新平王彫陳說圖讖。堅大悅。以彫為太史令。嘗言於堅曰。謹按讖云。古月之末亂中州。洪水大起健西流。惟有雄子定八州。此即三祖陛下之聖諱也。又曰。當有艸付臣又土。滅東燕。破白虜。氐在中。華在表。按圖讖之文。陛下當滅燕平六州。願徙汧隴諸氐於京師。三秦大戶。置之於邊地。以應圖讖之言。堅訪王猛。猛以彫為左道惑衆。勸堅誅之。彫臨刑上疏曰。臣以趙建武四年。從京兆劉湛學。明於圖記。謂臣曰。新平地古顓頊之墟。里名曰雞閭。記云。此里應出帝王寶器。其名曰延壽寶鼎。顓頊有云。河上先生為吾隱之於咸陽

西北方之孫有草付臣又土應之。讖又云。帝嘗書於宮中。碑首

流星。大如半月。落於此地。將蓋是乎。願陛下詳之。卒也。即之應。

出於壬午之年。武皇而新平人得之以獻。……望以聞言有徵。

追贈光祿大夫。（晉書）　苻求付國備於堅。……望贈自比之白。

……圖緯符命。何所依據。至於次序。無汝兄名。違天不祥。其於

名字。（晉書）　苻登載記。酒翻郭質起兵廣鄉以應登。宣檄三輔

取。……姚萇宗出肆害。毒被神人。於圖讖曆數。萬無一分。（晉書下5）

晉書姚興載記……以休之為鎮南將軍揚州刺史。……休之將

川。侍御史唐盛言於興曰。符命所記。司馬氏應復河洛。休之既

得擁鎮南綱。又非復池中之物。……興曰。司馬氏脫如所記。留

之適足為患。遂止之。（卅下）

晉書慕容垂載記。垂少好畋游。因獵墜馬折齒。慕容儁僭即王位。改名𡙇。外以慕郤缺為名。內實惡而改之。按本名霸尋以讖記之文。乃去夬。以垂為名焉。（卅上）

望之始移信南也。冀寧獨全。望以平綏治夷。垂之世子寶言於垂曰。家國傾喪。皇綱廢弛。至尊明命。著之圖錄。當隆中興之業。建少康之功。……（廿上）

晉書慕容德載記。時魏師入中山。慕容寶出奔於薊。慕容詳又僭號。令劉藻自姚興而至。與太史令高魯遣其甥王景暉隨藻送玉璽一紐。并圖讖秘文。曰。有德者昌。無德者亡。德受天命。柔而復剛。又有謠曰。大風蓬勃揚塵埃。八井三刀卒起來。四海鼎沸中山類。惟有德人據三臺。……德之者昌……因勸德即尊號。
德不從。會慕容達自龍城奔鄴。稱寶猶存。德議乃止。（錄21上）
晉書沮渠蒙遜載記：蒙遜大信卜筮讖記巫覡徵祥。故為姦佞所誤。（錄）
（21上）
晉書陳敏傳：敏潛曾陳越。陳州方族。讖言陳氏繁條。自以才力應之。
……遂……陰圖代敏。（以下21上）
宋書天文志：……孫權赤烏十二年。五月。日北至。熒惑逆行入南
斗。七月。犯魁第二星。……太元二年。權薨。是其應也。……是時
王凌謀立楚王彪。謂斗中有星。當有暴貴者。以問知星人浩詳。
詳雖有術。對說其義。不言吳有死喪。而言淮南楚分。吳楚同占。

當有王者興。故凌計遂定。（廿八）　魏高貴鄉公正元元年十一月。有白氣出斗側。廣數丈。長竟天。王肅曰。蚩尤之旗也。東南其[illegible]有亂乎。二年正月。毌丘儉等據淮南以叛……毌丘儉以[illegible]為己祥。遂起兵而敗。（廿八）　漢獻帝初平元年。[illegible]。文[illegible]虎……歸轉以為虎[illegible]之祥。始策出州牧劉虞。（魏八）

宋書范曄傳……孔熙先博涉有縱橫才志。文史星算。無不兼善。（六九）　熙先素善天文。云。太祖必以非道晏駕。當由骨肉相殘。江州應出天子。以為義康當之。（六九）　徐湛之……表曰。……[illegible]外散騎侍郎孔熙先。兼令史仲承祖。[illegible]及[illegible]云……熙先云……讖緯天文。並有徵驗。（六九）　熙先於獄中上書

臣……以解數術。知之所圖，力之所至，莫不窮攬，究其要術，考

論既往，謀其效驗，謹略除所知，傳諸後[illegible]別狀，務其自盡審，存

之甲書。蓋國祚之[illegible]，成於天存，歷九泉之下，少塞萬責，庶涉蓋

天文占候，讖[illegible]上有賢明相踐之禍，其言漏泄。延

寓書沈傍之，傅麗帝一語也。傍之所見者，聞其知其人，萬物之。之

之日，自有夕矣。諸傳太白，之之見則兵起，伏則兵息，當桂陽以太白

伏時帝兵。一戰擒首。此近世之驗。今當天下慶會之時，頗直太白

時。此與天合也。且太白前出東方，[illegible]利用兵，西方不利，所以

之出不及。前此帝兵，所以之不然。今歲星守西斗。其國不可伐，伐後

之不遠。[illegible]南史[illegible]

宋书颜竣传：出为世祖抚军主簿……元嘉中……随府转安北、镇军、北中郎府主簿。……初沙门释僧含粗有学义，谓竣曰：贫道粗见谶记，当有真人应符，名称次第，属在殿下。竣在彭城尝向亲人叙之，言遂宣布，闻于太祖。（宋文帖）（南史卅四廷）

宋书王玄谟传：竟陵王诞反……三年……四月，上乃使有司奏曰……可徵引还史，增考国储，自谓应符根，宜其可想也。

九廿

宋书袁𫖮传：除建安王休仁安西长史、襄阳太守，加冠军将军。休仁所引，即以𫖮为……雍州刺史。……𫖮舅蔡兴宗语之曰：襄阳星恶，岂可冒邪。（[illegible]）

案書高帝紀上姓名贊。及翔運曆數。並立應圖讖。數十百條。歷代所未有。臣下撰錄。上抑而不宣。盛矣哉（止）

案書天文志。今所記三辰七曜之變。起建元迄于隆昌。以續宋史。建武世。太史奏事。明帝不欲使天變外傳。並祕而不出。自此闕焉。（中略）

案書祥瑞志[redacted]所引讖石　老子河洛讖　尚書中候儀明篇　孝經鉤命決　孟子章歌　金雄記　孔氏世錄　卷十（止）瑞圖

案書崔祖思傳宋朝初議封太祖為梁公。祖思啟太祖曰。讖書云。金刀利刃齊刈之。今宜稱齊。實應天命。從之。（止）（南史四七）南齊高帝　高帝

案書宗室傳始安貞王道生子遙光。高宗輔政。遙光好天文候道。密

法苑珠林(四五上)
高[redacted]良勁傳帝市明精性急。許純性風。爲日書著成小錄擇古者二
人爲司風令矣。風聲方向。輒知聖閱。星之災變。不信占兆。不識
於秦。初靈臺缺至二人。繪圖。常在國前。有異追至。以相檢察。(四
(三上)

高書藝之廣付寓世其國相帝利靈解星算術通好學讀常言
西方吉凶有姓名言世其人昔與[redacted](四九上)國
相那基祇難問辛勤思。……索紞云。卯年十六。尊當應至。歷
叡圖緯。休徵非一。諸云廣鑄當氏。代宋世言。(四○)
又何曾傳。揚雄子易度候。好星文。嘗求星術。辭讓不給。(四九下)

梁书武帝纪：禅让时，太史令蒋道秀陈天文符谶六十四条。（六页）（南史同六页）

又沈约传：约说高祖曰：谶云"行中水，作天子"。（十三页）（南史五七页）

又处士传：陶弘景[illegible]遣弟子进之…… [illegible] 假王年表

建康，闻议禅代，弘景援引图谶，数处皆

成梁字。令弟子进之。（至一页）

[redacted]

（南史七六页）

南史宋武帝纪：雍州刺史鲁宗之……为谶曰：鱼登日，辅帝室。也

休之相结。（四页）

又齐高帝本纪：未述瑞应所引谶，有孝经钩命决、河图谶、郭文举

金雄记、王子年歌、孔子河洛谶、河图谶。（四页）

又江祏传：明帝为宣城王，太史密奏图纬云：一号当得十四年。祏

入帝喜。以示福。曰。昔此儀何所指。（同上卷）

南史梁武帝諸子傳武陵王紀。紀聞學觀占。善風角。亦知不濟於

漢。以伽籌之。頗曉天道。權時轉閱於外。（時當知星人說紀曰。

太白落東下。昔自中第。太白出西。漢之為亂。申戌歲首兩年之亂。

不可失也。蕃當之蔽。太白在西北。占得事。則己兼出氣。（同上卷）

南史杜崱傳。父懷寶。……而三子龔。……占默……封。……失中

岸。……龔信為荆州刺史。時讖言梁之下有瞎天子。元帝

帝 嫌之。以龔為其人也。會龔與岸反。禎。帝殺龔。甚惡而已遂筭而

殺之。所以殺龔而也。（同上卷）

南史隱逸傳阮孝緒。武帝 言事 禁畜讖緯。孝緒兼有其書。亦勸藏

又答曰。昔劉德奉傳西秘要。當為異生之福。杜環所謂不知不知。此言義矣。客有求之。又答曰。己所不欲。豈可強福於人。所焚之。(七五上)

南史隱逸傳。沙門釋寶誌……俗呼為誌公。好為讖記。所謂誌公符是也。(七六)

魏書太宗紀。泰常二年三月。常山民霍季。自言名載圖讖。持一黑石。以為天賜玉印。誑惑聚黨。入山為盜。州郡捕斬之。(三紀)

又五年五月。丁亥。詔曰。宣武皇帝體道得一。大順自然。大行大名。未盡美稱。非所以光揚洪烈。垂之無窮也。今因啟緯圖。稽考舊典。大人之義。隨其著跡。其改宣曰道。更上尊諡曰道武皇帝。以彰

靈帝之先亟。讖緯之言用。當初黜廢，寔始以數。（三上）

魏書世祖紀：太平真君五年正月戊申，詔曰：愚民無識，信惑妖邪，私養師巫，挾藏讖記、陰陽、圖緯、方伎之書。又沙門之徒，假西戎虛誕，生致妖孽。非所以壹齊政化，布淳德於天下也。自王公已下，至於庶人，有私養沙門、師巫及金銀工巧之人在其家者，皆遣詣官曹，不得容匿。限今年二月十五日，過期不出，師巫、沙門身死，主人門誅。此詔寔出崔浩。傳閱錄。（可下述）

又高祖紀：太和九年正月戊寅，詔曰：圖讖之興，起於三季。既非經國之典，徒為妖邪所憑。自今圖讖、秘緯及名為孔子閉房記者，一皆焚之。留者以大辟論。又諸巫覡，假稱神鬼，妄說吉凶，及

妻卷謝上。非謂世所載，其嚴加禁斷。（七上9下）
魏書世宗紀：永平四年五月丙辰，詔禁天文之學。（只9上）
又肅宗紀：熙平二年五月庚辰，重申天文之禁，犯者以大辟論。（冗3上）
又道武七王列傳：陽平王熙玄孫禹，頗好內學，每云晉地有福，孝昌末，遂謀奔朱榮。（十六上）
又藝風傳：明習陰陽讖緯。（四の上）北史　世上
又許謙傳：善天文圖讖之學。（四の下）北史　世下
又劉潔傳：潔又使右丞張嵩求圖讖，問劉氏應王，繼國家後，我審有名姓不。嵩對曰：有姓而無名。窮治款引，搜嵩家，果得讖書。潔

與西康之祔許及高等皆夷三族。死者二百餘人。此卅八北史卅二武時大魏

魏書傅豎眼傳。本清河人也。七世祖伷。伷子遘。石虎太常。祖父融。南徙渡河。家於磐陽。為鄉閭所重。性豪爽。有三子。靈慶。靈根。靈越。並有才力。融以此自負。謂足為一時雄傑。嘗謂人曰。吾昨夜夢有駿馬。無堪乘者。人曰。何由得人乘之。有一人對曰。唯有傅靈慶堪乘此馬。又有弓一張。亦無人堪引。人曰。唯有傅靈根可以彎此弓。又有數紙文書。人皆讀。不能解。人曰。唯傅靈越能解此文。融意謂三子文武才幹。堪以駕馭當世。常從容謂鄉人曰。汝聞之不。鬲蟲之子有三靈。此圖讖之文也。好事者然之。故豪勇之士多相歸附。此見七十卷 北史以下

魏书高崇传子謙之……天文算历图纬之书。多所该涉。（七七9上　北史五十6上）

又儒林传常爽……习纬候（八四4上　北史八一5下）

又刁冲……阴阳图纬算数天文风气之书。莫不关综。当世服其精博。

（八四4下　北史八一6上）

又李业兴……图纬风角天文占候。无不讨练。尤长算历。（八四10上　北史八一8下）

又术艺传刘灵助……亦说图谶。言刘氏当王。（九一7下）

又慕容廆传……在魏。字道业。恩遇相偶。好侍华卜。厚郎

引信。以鄙隆昌伤害。语有为异。所以慕郑默为务。因受其十。君

以谶记之知。乃去焉。以无留迹。（九五11上　北史九三11下）

又临渭氐苻健传：生……健之第三子也……生无一目……初

健之長子死。其母彊氏意在少子柳。健以讖有三羊五眼之言。
立之。（九五 15上）
又僭晉司馬叡傳：衍死。中書監庾冰廢衍子千齡。立其弟岳。改年
曰建元。初岳之立。肯改元。庾冰立議。而晉初已有。改作。天如之。
乃爲建元。時之。或告冰曰。子作年號。乃不視讖也。讖云。建元之
末丘山崩。丘山。岳也。冰瞿然。久而歎曰。如有吉凶。豈改易所能
救乎。遂不復改。（九六 4下）
又賨李雄傳：譙周……周又著讖曰。廣漢城北有大賊。曰流曰特。攻
難得。歲在玄宮自相賊。卒如其言。（九六 10下）
又天象志：泰常元年。三月。常山民霍季。自言名載圖讖。持一黑石。

以百大阿靈印。謝其屬靈。入山自從。西郡捕斬之。（從之·二卅上）

齊書之垣傳子崇讖。與直散騎侍郎彭景平因屬陳讖謗。妄說圖讖。有司奏青紀。詔並宥之。垣既坐營州。死配所。（卅二）

（李廣傳：孫子以諸大義陰陽圖緯之學。書謂人之云吾觀齋之郭邪。稱德不為。國家興衰。經籍所在。及高六十歲。出姬天繫之。二十八年卒。（卅九 北史）

又高德政傳：散騎常侍徐之才。館客宋景業先善天文圖讖之學。又陳山提家客楊子術。有所援引。並因德政勸顯祖行禪代之事。（卌 北史）

徐之才宋景業等每言卜筮雜占陰陽緯候。必宜五月應天順人。（卌二 北史）

又徐之才傳：之才少解天文。兼圖讖之學。共館客宋景業參校吉凶。知午年必有革易。因高德政啟之。文宣聞而大悅。時自婁太后及勳貴臣咸云。關西既是勁敵。恐其有挾天子令諸侯之辭。不可先行禪代事。之才獨云。千人逐兔。一人得之。諸人咸息。須定大業。何容翻欲學人。又援引證據。備有條目。帝從之。北（卅三）北史九十

又祖珽傳：因有彗星出。太史奏云。除舊布新之徵。珽於是上書。言陛下雖爲天子。未是極貴。按春秋元命苞云。乙酉之歲。除舊革政。今年太歲乙酉。宜傳位東宮。令君臣之分早定。且以上應天道。並上魏獻文禪子故事。帝從之。北（四九）北史四七　武成時

又方伎傳：宋景業明周易。爲陰陽緯候之學。兼明曆數。魏末任北　武定初

方文官

平太宗。高祖作相在晉陽。景業因高德政上言。有稽胡闕白。黼有聖人出。太原近年氣。東北好中有人王。高得之。謹集東北好。語黃衣也。高湛之的高氏自天下也。……（同九紀上）北史方伎

周書儒林傳沈重。於陰陽圖緯。道經釋典。靡不畢綜。（同五紀上）北史八六一

龍馬者。仁馬也。河水之精。高八尺五寸。長頸有翼。旁有垂毛。鳴聲九宮。（宋書符瑞志四十八頁）

魏書大宗明元帝紀泰常五年五月乙酉詔曰。宣武皇帝……大行方名垂典。……今則啟緯圖。括象纜天人之意。懷無窮略。其政道由道。更上等謹曰道武皇帝。以彰靈命之先。啟聖德之玄風。……（三上）北史一二七

北史魏獻文六王傳咸陽王禧子坦齊天保初準例降爵封新豐縣公。除特進開府儀同三司。坐子世寶與通直散騎侍郎彭貴平因酒醉誹謗。妄說圖讖。有司奏當死。詔並宥之。坦配北營州。死配所。止(十九上)

又崔浩傳[redacted]十好學博覽。經史玄象陰陽百家之言。無不該覽。……神瑞二年。秋穀不登。大史令王亮蘇坦因華陰公主等言。讖書云。國家當都鄴。大樂五十年。勸帝遷都於鄴。可救今年之饑。帝以問浩。浩曰。非長久策也。……止(四二上)

又陸俟傳。曾孫旭。好易。纂俟之學。撰五星要訣及兩儀真圖。頗得其指要。止(四八上)

北史高允傳：允通曆數。初不推步。有所論說。惟游雅數以災異問允。允曰。昔人有言。知之甚難。既知復恐漏泄。不知不知也。天下妙理至多。何遽問此。雅乃止。（以上北史）

大儒林傳：權會善的風角。於術家經的風角家。而於私家。都不及言。學徒有請問者。終無所說。或云。此學可知不可言。諸貴游子弟。亦由此遠。何煩問也。唯有一子。亦不授此術。會仕（以上北齊）

大魏書：生之之遂傳通易經。當以三禮教授。弟子有遠方至者手錄之。乃討論圖緯。捃摭異聞。先儒所未悟。諸發明之。（以上魏書）

文藝李廣傳：字弘度傳中。又好玄象。頗知術數。（以上北史）

大唐暉遠尊善圖緯。（卷二十）

北史藝術傳[redacted]劉靈助道自授其王。大行其甚。而莊帝蒙難也。……一妄說圖讖，言劉氏當王。（卷九十）

魏書儒林傳劉蘭先是張吾貴以聰辯過人。其所解說，不本先儒之旨。惟蘭推經傳之由，本注者之意。參以緯候及先儒舊事。甚為精悉。自后經義審博，皆由於蘭。蘭又明陰陽，博物多識，為儒者所宗。（卷八十四）

北史隋本紀：開皇十三年二月丁酉，制私家不得隱藏緯候圖讖。（又見隋書二紀）

又崔仲方傳：嘗上書論取陳之策，引春秋寶乾圖（北史三十二，隋書六十）

又王劭傳：劭上表言符命，引易坤靈圖、乾鑿度、稽覽圖　未錄

復上書，引易乾鑿度、稽覽圖、河圖帝通紀、河圖皇參持。採人間歌謠，引圖書讖緯，依約符命，捃摭佛經，撰為皇隋靈感志，合三十卷，奏之。上令宣示天下。劭集諸州朝集使，洗手焚香，閉目讀之，曲折其聲，有如歌詠。經涉旬朔，遍而後罷。（北史三十五，隋書六十九）

又李敏傳：大業十年，帝從征遼東，遣敏於黎陽督運。時或言敏一名洪兒。（北史五十九，隋書卅七）

帝雖洪字當讖。嘗面告之。冀其引決。敏由是大懼。數與金才善衡等屏人私語。宇文述知而奏之。竟與渾同誅。其妻宇文氏。周宣帝后樂平公主女娥英。亦賜鴆而終。（五九）

大李渾。穆子。穆長子惇。……先穆卒。子筠襲祖爵。……及筠死。渾規欲紹之。謂其妻兄左衛率宇文述曰。若得紹封。當以國賦之半。每歲相奉。述因入白皇太子。奏文帝。竟詔渾襲申公。以奉穆嗣。大業六年。追改穆封為郕公。渾仍襲焉。……渾既紹父業。日增豪侈。二歲後。不以年物與述。述大恚。因醉謂其友人于象賢曰。我竟為金才所賣。死且不忘。渾聞之。由是結隙。及帝討遼東。有方士安伽陀。自言曉圖讖。謂帝曰。當有李氏應為天子。勸宜盡誅海内凡天下李姓者。

述知之。因構渾於帝。帝曰。卿可覆其事。述乃遣武賁郎裴仁基表告渾反。即日遣述掩其家。遣左丞元文都、御史大夫裴蘊雜推之。數日不得反狀。帝更遣述推鞫。入獄中。召出敏妻宇文氏。謂曰。夫人帝甥也。何患無賢夫。李敏、金才。名當妖讖。夫人當自求全。因教言。金才嘗告敏云。汝應圖籙。當為天子……若復度遼。吾與汝必為大將軍。每軍二萬餘兵。固以五萬人矣。又發諸房子姪。內外親婭。並募從征。吾家子弟。決為主帥。分領兵馬。[redacted]散在諸軍。吾與汝前發。襲取御營。子弟響起。一日之間。天下定之矣。述口自傳授。令敏妻寫表。封云上密。述持入奏。云已得金才反狀。並有敏妻密表。帝覽之。泣曰。吾宗社幾傾。賴親家公而

獲全身。於是誅渾敏等。宗族三十二人自餘無少長。皆徙嶺外。（五九七上）隨書三七下

又宇文愷傳。煬帝時帝好傚古制好營……愷……爲議。引尚書帝命驗（五八六下）隨書六八上

又牛弘傳。弘請依古制修立明堂。上議。引尚書帝命驗（七二五上）隨書四九下

又李德林傳。陰陽緯候。無不通涉。（七二八上）隨書四二上

又袁充傳。文帝時充……表奏隨興以後。日晷漸長。引春秋元命包。東房別著（七〇四上）文出隨書天文志 本傳隨書六九上

又王世充傳。有道士桓法嗣者。自言解圖讖。世充昵之。法嗣乃上孔子閉房記。畫作丈夫持一竿以驅羊。法嗣云。楊隋姓也。干一王字也。王居羊後。明相國代隋爲帝也。又取莊子人間世德

元符二篇上之。法嗣群□。上廿篇言世。下廿篇言元。此則相國君矣。

贊德被人百。而應符命而天子也。世之大悦曰。此天命也。真精

受之。即以法嗣爲諫大夫。（見九姓）

[redacted]

隋[redacted]儒林傳房暉遠尤善圖緯道（見五行）

北史儒林傳馬光。圖書讖緯莫不畢覽。隋高祖初。徵山東義學之士

光與張仲讓。孔籠。竇士榮。張黑奴。劉祖仁等俱至。並授太學

博士。時人號爲六儒。然皆鄙野無儀範。朝廷不之貴也。士榮尋

病死。仲讓未幾告歸鄉里。著書十卷。自云此書若奏。我必爲宰相。

又數言玄象事。州郡列上。竟坐誅。孔籠。張黑奴。劉祖仁未幾亦

被遣之。惟是獨存。（八二〇上）（隨書六上）

北史文苑傳：諸葛潁習周易、圖緯、蒼雅、莊老。頗得其要。（八二〇上）（隨書七六上）

又藝術傳：庾季才。以宇文護執政。問以天道徵祥。對曰。□上台有變。不利宰輔。公宜歸政天子。請老私門。……及護夷滅。閱其書記。有假託符命。妄造異端者皆誅。惟得季才兩紙。盛言緯候。宜免政歸權。帝謂少宗伯斛斯徵曰。季才甚得人臣之禮。因賜粟帛。（八九〇上）

隨文帝將遷都。夜與高熲、蘇威二人定議。季才旦奏臣仰觀玄象。俯察圖記。龜兆允襲。必有遷都。……帝愕然。謂熲等曰。是何神也。遂發詔施行。賜季才絹布。（〇上）

又蕭吉：開皇十四年上書。言樂汁圖徵。（八九〇下）（隨書七八上）

隋書禮儀志：後齊之年季冬，祠南郊……梗曰……山閒石瑞，第
咸陳出宮前庭經名。龔紀國旗。隆興諸縣。度為玉龜。文字精理。
通典祠部會。（又作）

又律曆志：後齊文宣受禪。命散騎侍郎宋景業叶圖讖造天保曆。
景業奏依握誠圖及元命包。言齊受錄之期，當魏終之紀。得乘
三十五以為部，應六百七十六以為章。文宣大悅。乃施用之。（甲）

七曜

又經籍志：王儉七志，六曰陰陽志，紀陰陽圖緯（卅二頁）

緯候。通鑑注：緯謂七緯，日月五星之行，失行則為災。候謂月令
七十二候，候失節則為災。（陳宣帝太建四年）（卅一頁）

晉書石苞傳：自諸葛誕破滅，苞便鎮撫淮南。……淮北監軍王琛……密表苞與吳人交通。先時望氣者云：東南有大兵起。及琛表至，武帝甚疑之。（卅三 1上）

晉書愍懷太子傳：遹……時望氣者言廣陵有天子氣，故封爲廣陵王。（五三 1上）

晉書隱逸傳：魯勝……嘗歎曰：望氣，然將來多故。便稱疾去官。（九四 4下）

又藝術傳：臺產……善望氣……之術。（九五 16下）

宋書符瑞志：孫堅之祖名鍾。……冢上數有光怪，雲氣五色，上屬天。延數里。父老相謂：是非凡氣。孫氏其興矣。（廿七 1下）

齊書祥瑞志：元徽四年，太祖從南郊。望氣者陳安寶見太祖身上恒有
黃紫氣。安寶謂親人王洪範曰。我少來未嘗見人身上有如
此氣也。（中華）

南史齊高帝紀及南齊書[illegible]

南史宋文帝紀：景平……二年。江陵城上有紫雲。望氣者皆以為
帝王之符。當在西方。（三上）

又齊武帝紀：永明元年。望氣者云。新林婁湖東府西有天子氣。甲
子。築青溪舊宮。作新林婁湖苑以厭之。（四上）

南史齊明帝紀：永泰元年。上以疾甚不瘳。望氣者云宜改元。為四
月甲寅。大赦改元。（五上）

又和帝紀……永明中。望氣者云。新林婁湖青溪並有天子氣。於

甚盛。大起樓苑宮觀。武帝屢遊幸。以居之。又起舊宮於青溪。以為其第。而明帝舊居東府城西。后興宗。明帝孫也。至是。梁武帝高軍城於射林。而東帝舊宅。亦在紅廣。（吳師止）

宋書袁粲傳。順帝即位。……時齊王（齊高帝）居東府。故使粲鎮石頭。……舊聞諸人語粲曰。石頭氣甚凶。往必有禍。粲不答。（卷八九止）

（南史廿八止）

南史梁宗室傳。臨川靜惠王宏。天監……四年。武帝詔宏都督諸軍侵魏。……軍次洛口。前軍剋梁城。……畏懦不敢進。……魏奚康生、楊大眼語元英曰。梁人自剋梁城之後。久不進軍。其勢可見。必是懼我。王若進據洛水。彼自奔敗。元英曰。蕭臨川

譚叢

雖殊。共下百揆將。華裔之家。亦未可省。聖箋所言九月餞過今
且觀頹勢。未可便與交鋒……九月。沙口運貨……（至此）
南史韋叡傳子正：子鼎隨武帝在南徐州。鼎望氣知其貴重。遂
寄孥焉。——……（至此）至德初。鼎盡貨田宅。寓居僧寺。友人大匠
卿毛彪問其故。答曰。江東王氣。盡於此矣。吾與爾當葬長安。期
運將及。故破產耳。（至此）
北齊書神武紀：初魏真君內學者奏：上黨有天子氣。云在壺關
大王山。武帝於是南巡以厭當之。累石爲三封。斬其北鳳凰山
以毀其形。後上黨人居晉陽者號上黨坊。神武實居之。及是背後
帝降家就行舍大王山。六旬而進。（至此）舍山若時

北齊書孝昭紀。初帝與濟南約不相害。及輿駕在晉陽。武成鎮鄴。
望氣者云。鄴城有天子氣。帝常恐濟南復興。乃密行鴆毒。濟南
不從。乃扼而殺之。（見紀）
北齊書後主紀。武平七年。先是望氣者言當有革易。於是依天統
故事。授位幼主。（見紀）
又上洛王思宗傳[redacted]先是恒留河南在鄴…後而大史奏云山
城有天子氣。昭帝以河南在鄴。乃使平秦王歸彥之鄴。迎河
南赴并。（[illegible]）
[redacted]
北史魏本紀孝武皇帝。帝在田舍。先是嵩山道士潘彌望見洛陽

城西有天子氣。候之乃帝也。於是造第密言之。居五旬而高歡使斛斯椿求帝。（五卅迅北史長孫晟傳仁壽元年。晟表奏曰。臣夜登城樓望見磧北有赤氣。長百餘里。皆如雨足。下垂被地。謹驗兵書。此名灑血。其下之國必且破亡。欲滅匈奴。宜在今日。詔楊素爲行軍元帥。晟爲受降使者。送染干北伐。（卌二 81 迄）

北史王劭傳上表言符命曰。……周武帝時。望氣者云。亳州有天子氣。於是殺亳州刺史紇豆陵恭。至子代爲之。（[illegible]迄）

北史元諧傳有人告諧與從父弟上開府滂。臨澤侯田鸞。上儀同祁緒等謀反。帝令按其事。有司奏……諧與滂嘗同謁帝。諧私謂滂曰。我是主人。殿上者賊也。因令滂望氣。滂曰。彼雲似蹲狗走鹿。

不知救濯有禍依雲。帝大怒。諸濟竇緒並伏誅。籍沒其家。（四七三上）

北史藝術傳庾季才及隋文帝為丞相。……大定元年正月。季才上言。今月戊戌平旦。青氣如樓闕。見國城上。俄而變紫。逆風西行。氣經云。天不能無雲而雨。皇王不能無氣而立。今王氣已見。須即應之。（四九四上）

隨書經籍志兵家　對敵占風一卷、梁有黃帝夏氏占氣六卷、兵法風氣等占三卷、亡

兵書雜占十卷、梁有兵法日月風雲背向雜占十二卷、用兵祕法雲氣占一卷

氣經上部占一卷　天大（四三）雲霧氣占一卷　鬼谷先生占氣一卷　五行候氣占災一卷　乾坤氣法一卷（四〇六上）

又天文家候雲氣一卷（四〇七上）

佛教諸宗

俱舍宗附法相　由俱舍論世親據大毗婆沙論所造之小乘最後之（有部）發展也　真諦三藏　出說因識乃無常以其因亦刹那滅代諸法之我無常中求見一而重稱定慧

成實宗　主成實論世親同時訶梨跋摩撰（小乘）鳩摩羅什譯　亦部最後之發展也

律宗　依曇無德部所執之分律六十卷　小乘戒律　弘者至十誦律僧祇律　乘小乘此五分律合為四律　又大乘只有大乘戒律　三國時中天竺曇摩迦羅來譯僧祇戒本等以授戒之法為律宗之始　戒律基礎由小乘而來

〔法相宗〕傳護法戒賢之說，有部之極端也。原於無著世親護法，闡之依六經十一論，其主要也。護法等繼之，闡唯識論也。玄奘與其譯者見不同，又譯攝大乘、俱舍論，又譯成唯識論，因從入西域，攝論大般若經等，而玄奘歸，開法相宗。真諦先從法之先，與真惠等同時傳無著世親之大乘。舍真惠派，隨緣玄識是為奘創立，奘創則分護法派，不

〔三論宗〕空部極端說觀其為天台。龍樹中觀論、十二門論、提婆百論，加龍樹大智度論，亦曰の論宗。唐初吉藏開三論疏，為三論宗中興之祖，嘉祥則稱智顗首建宗之律部

〔天台宗〕晉時慧文讀大涅槃經，有涅槃宗。：祖此派因為天

兼吸收天台之實相論發其鄙三論蛻化出　陳隋間慧文傳

慧思〻〻傳智顗〻〻居天台山世稱智者大師　實此華種

華嚴宗　杜順

真言宗　顯教理平等事差別故事理平等一多無盡似環象

即廣在萬有即一神之説　所謂萬有皆摩訶毗盧遮那之身

顯教人亦其一部一毛一塵無不如此　經典出大日法有大日如來

亦為出釋迦世尊　人之顯露的言説。秘密的真觀。〻〻〻〻

〻人知道多。亦可謂為言説。但能見秘密的真觀耶。

開元間西天竺善無畏齎來　南天竺人金剛智不空師弟齎

譯出大日經為此宗金剛頂經等　八世紀（玄宗開元年至）德宗貞元十六年

中華民國

日本則由支那高麗東而真法門

而以經紀印度學散流傳之密教遵傳正觀淨土宗傳於西域中

國在即不則小乘而西藏傳承餘緒大乘至之去之宗於彰時

地商羯羅出大乘教義為印度教所收自然滅之　密教為十

六世紀神密宗歸二十八年（婆羅密弘傳十四年）至而絕　不與存並印度時佛教

已隨國亡印度教之政不與之[redacted]教即印度教之思想實占大部

以中國思想解釋印度宗教的動作

禪宗　出自郡　印度之厭世觀及現量境智合為禪那　可乘

禪定之但對於遵業想感大乘則積極的使精神與實在一致

以三論之八不為立，歸於掃除文字，本來無一物之宗義。

拈花微笑，事出問佛決疑經，經已不傳，其為僞造無疑。

普通元年，南天竺達摩來。　唐時分南北，南慧能，北神秀。

主有南，分五家：臨濟、溈仰、雲門、法眼、曹洞五宗。

非否定禪，但不謂文字言說隨現象界，必付直[redacted]覺。標他宗

為教內，自稱教外別傳，實則他宗亦說不可，亦求之直觀，不過

[redacted]更只教內，而此宗則以有教外耳。

淨土宗　古來只往生兜率天之說。又求陀彌，人死須回付天上

以祖專樂於佛說，阿彌陀國此宗。　念佛由緣起論來，原有部

晉孝武帝太元十五年慧遠在廬山白蓮社念佛，慧遠受禄

經於佛陀跋陀羅共分佛有多少禪觀玄味非全任他力此派絶

梁武帝天監六年菩提流支來授觀經於曇鸞傳他力念佛爲淨土宗開祖道綽因之[illegible]善導等繼之完淨土教綱於傳播下級社會規模始定此派入日本爲今盛　蓮如時玄宗入西域始唱念佛往生稱其顯派多少常印度教及婆羅門真言瑜伽風極此派未大盛今亦普爲一派合矣

地論宗　有部

梁武帝天監六年菩提流支譯十地論淨土論者爲地論宗之祖　地論后華嚴之一派自然并入華嚴

攝論宗　有部

梁武帝大同元年真諦三藏來譯攝大乘論起信論俱舍推論等爲此宗之祖　後由此派隨緣之派亦入法相

十宗

律宗　一名南山宗　有别立頭陀山此山宗所撰唐道宣律師盛弘此宗著述甚富時人稱爲南山宗　印度極盛中國次盛

俱舍宗　一名有宗　世親菩薩造俱舍論陳出天竺沙門陳真諦三藏譯并作疏釋之佚唐玄奘法師重譯三十卷門人普光作記法寶作疏　印度有而不盛中國極盛

成實宗　成實論訶梨跋摩造姚秦鳩摩羅什三藏譯六朝爲極盛時宗至唐而衰　印度創而未入中國極盛

三論宗　一名性空宗　三論者中論百論十二門論文殊師利爲初祖馬鳴龍樹提婆繼之羅什至秦譯弘此道　天竺亦據

中論某教廣川而留三論甘鮮矣　印有而不盛　中國極盛

天台宗　一名法華宗　智者大師　中國創極盛　印無

賢首宗　一名華嚴宗　印無　中國創極盛

慈恩宗　一名法相宗　玄奘三藏杉二字推宗印三論　印無甚極盛

禪宗　一名心宗　印無　中國創極盛

密宗　一名真言宗　以毗盧遮那成佛經金剛頂經為依　印極盛　中國亦微

淨土宗　一名蓮宗　有之般舟山此宗所據　第五以來云云

初祖　印極盛　中國次盛

尚有地論宗涅槃宗攝論宗　日本有真宗時宗日蓮宗

大小乘之別

小乘佛爲對聲聞說法，說自證法，聲聞爲所說對象，說偏小。大乘佛

藏之法，法爲大衆所依據義之說，釋了所說廣義之法，則一切法

也。釋了亦以法爲師，而自悟法故有是說。本十方之佛，爲菩提

薩埵爲堪成佛者說菩提薩埵之教理，小乘法有十方廣教，又曰大

乘

小乘解脫但爲自身（自度），無覓已禁欲（故厭）。大乘重爲一切衆生度他（大慈）

小乘之佛釋迦其人。大乘則佛者法之境，故見法無異見佛

之身異見法。故佛若損不應不如上不

小乘佛弟子爲聲聞，雖知法深度，猶異佛。大乘菩薩悲智等佛

聲聞得佛涅槃，而不得佛菩提，菩薩則當證之

小乘只三藏　大乘別有摩訶衍　小乘經律論三藏別位不足者

於釋迦。出諸本於釋迦。　總共說出有。(一)佛說(二)佛弟子說(三)仙人說(四)天說(五)化人說

小乘の合應觀八支聖道（正念正見正思維正定 正精進正語正命正業 戒律）

定慧斷一切煩惱　大乘有六度（施戒忍進定慧）の攝（布施愛語利行同事）集合

三聚淨戒（攝律儀戒　攝善法　饒益有情戒）　一切種智知諸法自相共相

善無畏○善無畏一行上所錄之係開元以後佛不可無此不可無善

中國佛教○桓帝時安息安世高譯經九十餘部中有大乘亦譯

秦景蔡愔　晉懷帝永嘉四年佛圖澄來洛陽道安其弟子也自上

下信仰佛法普及衆庶　孝武帝太元十年慧遠在廬山　鳩

摩羅什至姚秦提婆派時代法華大智度論十二門論中論百成

實論等　梁武帝普通元年西天竺達摩來　大同元年眞諦三

藏來譯撮大乘起信論等　陳隋間天台智顗師從鳩摩羅

什之論開天台宗　玄奘弟子窺基承玄奘之宗開法相宗

則天時賢首創華嚴宗　是時禪宗分南北對峙北神秀南宗

又分臨濟溈仰雲門法眼曹洞五宗　開元四年西天竺善無

異為真言密教，其始為天竺金剛智不空師弟，八世紀唐武后長安元年至德宗貞元十六年中葉密宗盛。至八世紀末，禪行於廣土澤川於民間而已。至宋密典而佛教於義而儒家所[illegible]極之失存印度之與印度密教。

判教。統一要論，以為圓融之教，則可免矛盾矣，且可知佛教之概要。

權者乘實大乘。權大乘以相儒有三論儒宗　實大乘華嚴天台禪等

有空中。有論說現象界起因，為事法界。空論在實現象界即所以明實體之理性論也。二者甚一。即所存在亦不離也。

據釋氏要覽時因中論。

為時八義。至時按曰大山嚴華曰[redacted]幽谷會阿因會時節曰男中

般若日日午照架浮華 大山為照幽谷會時可中為漸秘密時為人

一義而知多絕不定時為人說於日光難量日代像の數藏有小

乘三通並別時的義體之法不圓說圓滿佛說量自化法の義

藏別教二乘以有六通非有非空

無常之住。就現實寄說而無常純金詩觀之界寄居無常住。

圓言密言曰為實理備有特勝圓音普遍

稱特伽羅。即事白業感緣起業力雖存何物保持其業乎。樣

子部犢子外道說稱特伽羅譯云能與外道所立之神我靈魂同造國安

解佛出宗 補特伽羅 不同外道之神為靈魂

眾時有情 不然至種既滅何以持生也之體念之生滅何以

知一切法是知意之心，爲知心之心之心而知意。　謂自凡夫
至佛皆具，楞伽經貫通三世。前世與此世之未來云云。　謂第八阿賴耶
識恆起愛，能含藏一切種子。
種子生於心。心動種子發見影象，是爲相分。　更以此爲影象發
心之作用。
六大曰真言宗之六大曰地水火風空識。　今此六大時曰大日
法身。[redacted]此非獨心之元何也？六大乃心識知覺之別之於身體
別一也。　然則西方所謂體言曰體，拔人與萬象顯現於體者之上
曰形，知其體動作之之曰用，如此六大與一切萬三妙。　辛卯年
釋格曰即身成佛，謂即身即佛，佛即身即摩王。

宗教 佛

禪淨之興

前此儀節太繁 教義亦煩瑣（案此近義疏也） 寺宇儀設

器物靡財太多 惟此二宗不必出家亦無此討厭

是以流行也

大乘寺八世
萬　三宗

中興八世上堂——守實　德良　照彩十一
大寺第——寧新　德貞　心精九

佛國堂主
鳳嶋普蔭生姪佳讀　古東佛圖
德馨　張樹
紹樹弟子——記智——傳嵩
楞嚴

民九六年蘇叢
月　世叔　兩子記

唐書言〈諸〉
清辨弟子智光於其一類見〈空宗即中觀宗〉以有相之說謂無生
〈有宗即瑜伽宗〉以唯識觀
菩薩瑜伽論說有至
印度大乘此二派

大乘佛說思想于此時
以一百七八十年至紀初印度龍樹與瑜伽
[illegible]釋淨什久其南渡寄[illegible]

大乘宗 有宗 破相宗 無著 世親 龍樹

（三論宗）— 中論 十二門論 百論 出龍樹大士宗 鳩摩羅什譯之

嘉祥大師於隋疏之

小（成實宗）— 成實論 鳩摩羅什譯 嘉祥之前 成實為盛 庶幾

南陳中天竺沙門真 六朝周日什譯

（涅槃宗） 涅槃經 北涼 曇無讖 譯入天台

（地論宗）十地論 世親 中天竺僧菩提流支

全體皆不判至小乘

大通之兩三 光 道寵 北道

七（禪宗）詳於禪定之

磨菩薩 以梁武帝時來 達摩為廿八

達摩一惠可一僧璨一道信一弘忍一慧能 南宗 風行

神秀 北宗

此宗所承 極盛 禪宗傳衣鉢

唯 古則尊持

（攝論宗）攝大乘論 世親著 真諦譯

一枝

小乘俱舍宗　俱舍論出小乘[redacted]二十部中薩婆多部[redacted]乃占

陳真諦三藏譯部

世親菩薩造　二次奘師再譯經窺基法師傳之

陳真諦初譯而中葉衰

大乘天台宗　以山名其萬揮　（龍樹慧文慧思智顗）智者陳隋

本於法華經　詳於　五宗要集　唐時荊溪湛然大師發起

註詳見

律宗　二宗待議

大乘淨土宗　蓮宗

二　慧遠　廬山蓮社修淨業　各有所成　一生淨土

善導　傳淨土門　專修不退

遠教生死　不別根器

十六觀經　稱名往生

上華嚴經持

三觀經　阿彌陀經

一往生論　世親莊嚴隨機光明功德念地獄起

大（法相宗）慈恩宗 唯識宗 俱舍宗

又唐玄奘譯瑜伽師地論 傳其弟子窺基

宗稱慈恩 其門人 慧沼 據此 梵 ... 為述記

大（二傳至此方傳始息）

大（華嚴宗）賢首宗 法界宗

法藏 與武后 講 ... 賢首

以大華嚴宗 以杜順爲祖

大日經

大（真言宗）密宗 （金剛頂經 蘇悉地經）

開元之 （三藏之一）金剛智 三藏 末 （三藏之二）不空 ... 善無畏 好來

百以上 善無畏 ... 弟子 ... 稱師

中印人

金剛智南印人

不空北印人

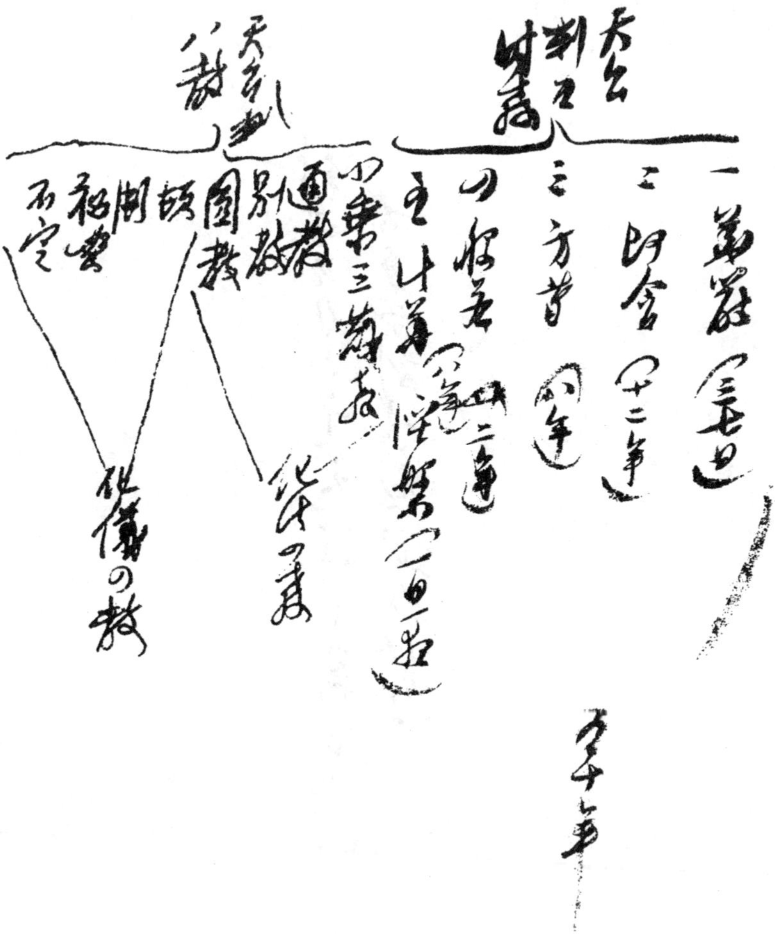
天台判五時
一 華嚴（三七日）
二 阿含（十二年）
三 方等（八年）
四 般若（廿二年）
五 法華涅槃（八年）（一日一夜）
五十年
天台判八教
小乘三藏教
通教
別教
圓教
化法の教
頓
漸
秘密
不定
化儀の教

新舊兩朝志之災異之異著

其東西朝材料之區（四四年作記）

紹合

川永積雨折如民所及之祠

而止

以舊禮神之教易之（經禮證）

佛

「百高座」「百尺高座也」見《通鑑》代宗永泰元年諸講仁王經

(庚辛寓記)下

(續異同攷二)(九月丁未)夕偶天陰雲北方有聲如雷野雞皆鳴俗謂之該天狗

蒨道(卅三)2下

北史鄭譯傳：譯自以被疏，陰呼道士章醮，以祈福助。其婢奏譯厭蠱左道。帝謂譯曰：我不負公，此何意也？譯無以對。此（四五〇卅）隋書卅六卯

又王世充付有道士桓法嗣者，自言解圖讖。世充昵之。法嗣乃上孔子閉房記，畫作丈夫持一竿以驅羊。法嗣云：楊，隋姓也；干一者，王字也。王居羊後，明相國代隋為帝也。又取莊子人間世、德充符二篇上之。法嗣釋曰：上篇言世，下篇言充。此即相國名矣。當德被人間而應符命為天子也。世充大悅曰：此天命也。再拜受之，即以法嗣為諫議大夫。世充又羅取雜鳥，書帛繫鳥頸，自言符命而散之。彈射得鳥而來獻者，亦拜官爵。此（七五〇上）隋書八四卯

北史何妥傳，妥上八事以諫。其四事曰。……云搢紳之誕。醫方貴遍巨萬。……（卷八二）（隋文帝時）

隋煬帝時，辟穀者。北史隱逸傳徐則附宋玉泉、孔道茂、王遠知（卷八八隱逸）（隋書七七隱逸）

大隋文帝時，盧太翼。見北史藝術傳（卷八九）（隋書七八）

北史藝術傳，道士張賓、焦子順。雁門人董子華等三人。當文帝（高祖）龍潛時。並私謂帝（高祖）曰。公當為天子。善自愛。及（踐阼）即位，以賓為華州刺史。子順為開府。子華為上儀同。（卷八九北）（隋書七八）

隋書地理志梁州崇重道教。猶有張魯之風焉。（卷二九）（[illegible]附見西京下）

又經籍志阮孝緒七錄，以佛錄七曰道錄

煬帝又於內道場

集道佛儒。別撰目錄（四十一頁上）

道家傳記一百卷見隋經籍志雜傳（四十二頁上）道陸氏（四十五頁作下頁上）

抱朴子內篇更及論史人道家（四十四頁上）雜在醫家中計史（四十四頁上）

（五十頁上）

隨方布希敬付又彥伯。〻〻〻寺禪武韓陵〻捷。盡詠希先氏敬小。

隨母養於宮中。及年十二。自寡而走。至於大街。見壹更摩戰時。

敬解所著綺羅金翠之服。易衣而遁。追騎詔。初不識。敬便執

綺衣見時究問。初非。今日已暮由是得免。遂入一郁。見長濘氏

據踞於牀而坐。敬再拜求哀。長濘氏默然。識於彼壁。三年。講之

愈急。遂且至彭林氏日。身真先去。可久留。資而進之。遂詣洛道

去○變姓名○隱高山○……於是召行微服○西游於閩（[illegible]）
隨書[illegible]傳：從幸江都宮○……及朝士入覲○……時[illegible]見采○
裁有此殺○帝曼之○以問[illegible]○[illegible]答曰○……臣請[illegible]士往此[illegible]家○
帝大喜○……因令[illegible]檢[illegible]為[illegible]士等數事○[illegible]召江都境內[illegible]
及來[illegible]兵[illegible]集宮監○又召[illegible]坤及其等○[illegible]其所取○因[illegible]面[illegible]
育[illegible]道場婦女及尼女冠等○兼[illegible]比丘○（卷七[illegible]）
隋書蕭吉傳：著……帝王養生方二卷……（[illegible]）
隋書真臘傳：其[illegible]表[illegible]○……[illegible]尼道士誦經○諸[illegible]會○…… 多奉
佛法○尤信道士○佛及道士○並立像於館○（卷八二）
又于闐傳：于闐西五[illegible]里有比摩寺○云是老子化胡成佛之所○（卷

三 62上 魏書 見下

隋書經籍志讖緯有老子河洛讖一卷、嵩高道士歌一卷（四三下）

科戒。通鑑宋營陽王景平元年：初，嵩山道士寇謙之……修張道陵之術，自言嘗遇老子降，命謙之繼道陵為天師，授以辟穀輕身之術及科戒二十卷」。此道陵以降人傳五斗米道偽術，謂天師也」。今道家科戒蓋始於此」（冊九）

道家神仙起原。又臣光曰：老莊之書大指欲同死生、輕去就，而為神仙者服餌修鍊，以求輕舉，鍊草石為金銀，其為術正相反矣。是以劉歆七略敘道家為諸子，神仙為方技。其後復有符水禁咒之術，至謙之遂合而為一，至今循之，莫能辨矣」（冊九）

○通鑑宋文帝元嘉十九年正月，魏主……詣道壇受符籙……自是每帝即位，皆受籙。（注）此所受，即今道士所謂法籙也。隋志曰：道士受道之法，初受五千文籙，次受三洞籙，次受洞玄籙，次受上清籙，皆素書，紀諸天曹官屬佐吏之名，又有諸符，錯在其間，文章詭怪，世所不識。（卅九止）

醮　上章

○通鑑注：五代志：道家齋法，夜中於星辰之下，陳設酒脯餅餌□物，歷祀天皇太一，祀五星列宿，為書燒香陳讀，云奏上天曹，名之為醮。陳宣帝太建十一年（注）：又道士為人禳厄之法，依陰陽五行數術，推人年命，書之如章表之儀，并具贄幣，燒香陳讀，云奏上天曹，請為除厄，謂之上章。夜中於星辰之下，陳設酒脯餅餌幣物

醍祀天皇六一五星列宿皆於次上章之儀以奏之名爲醮六

十三年　鍾恒述

辟穀者咀百果草肉重鹽飲除做爲穀單可絕食條　弘明集一向日

學仙者秋冬不食條　弘明集一向又向口辟仙之術秋冬不食條　向日爲道甘理辟穀不食

道家附會老子及佛氏　弘明集二教論

道教之謬　弘明集　玄光辯惑論

宗教 道

「陶弘景始改館爲觀」以茅帝老子之教」甄正論

「梁陳齊魏之前唯以瓠廬盛經本無天尊形象」

「王淳三教論云近世道士取活無方欲人歸信乃學佛家制立形象假號天尊及左右二眞人置之道堂以憑衣食梁陸修靜亦爲此形也」唐法琳辯正論

笑道論謂陸爲宋明帝時人

宗教（道）

通考。天寶六載。以張漢天師子孫嗣真教。册贈天師為太師。宋大宗祥符九年。賜信州道士張正隨號真靜先生。自是凡嗣世者皆賜號。　元至元十三年。賜張宗演靈應沖和真人之號。給三品銀印。其後屢已加號。晉秩至一品。明太祖改為二品。相沿至清。

道士修行有三號。一曰法師。二曰威儀師。三曰律師。其德高思精者謂之鍊師。見唐六典。

[illegible]

李雲中首創墨家説錦會易作
墓志　其詩甚合吾之三意　題後答
子孫雲中注　此半多錄四標占
墓志云　僅自年月日不合文例等
尚多殊若

宗教

占儀笑祥居祖燈山公念世六述

雊

甲寅晉書懷帝紀三年六月癸亥夜天保星墜西南有聲如雷野雞皆雊也（已上）

（二十二史考異）「晉書、……二年十月大物墜於西南有聲如雷野雉皆雊也（卷六注）（晉）「晉書二年十二月十有大星墜於西南聲如雷野雞皆雊也（卷六注）

（天文志……憲宗元和六年三月戊戌日晡天陰寂寂有流星大如一斛器墜於兗鄆間聲震數百里野雉皆雊（四二注）

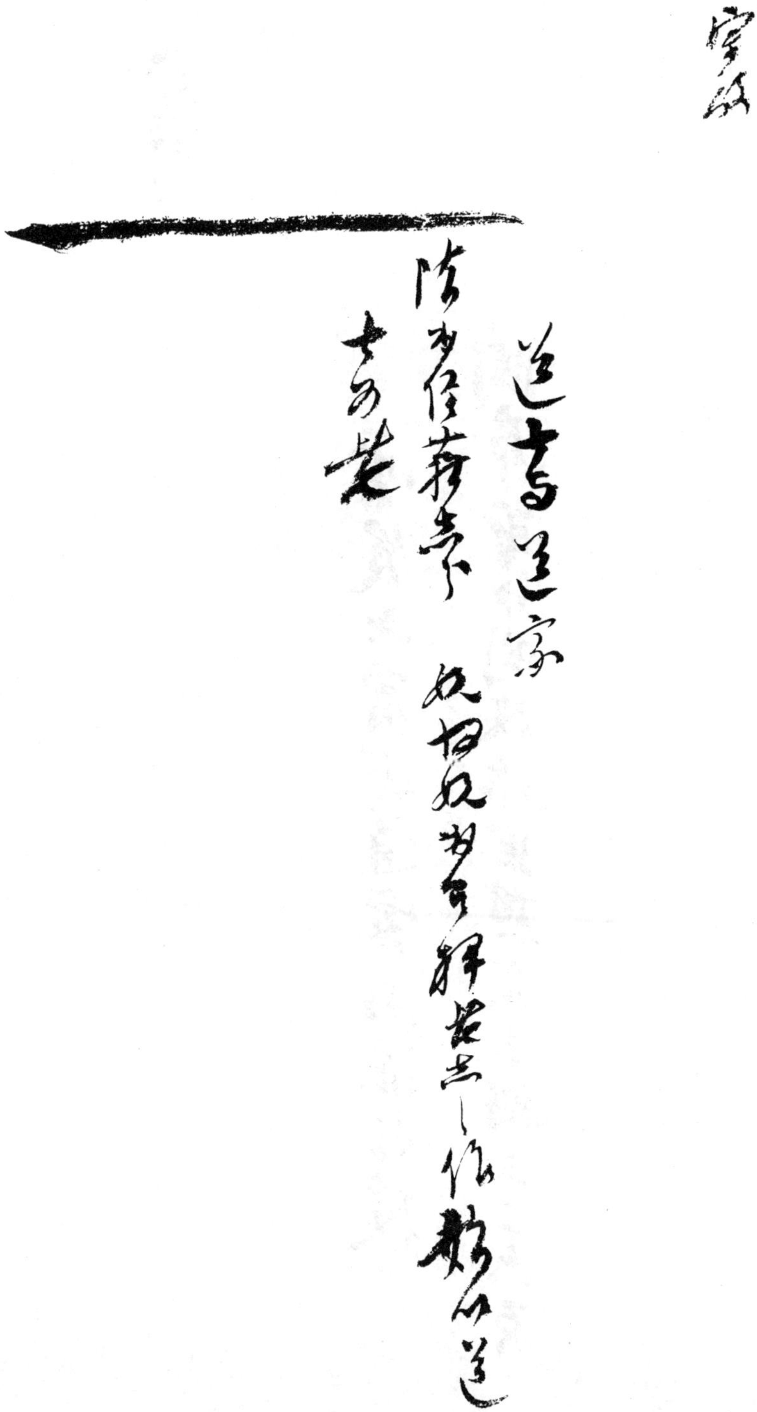

宗教三

雲笈七籤述道家南派傳授

陶希聖中國政治思想史三冊三三六頁

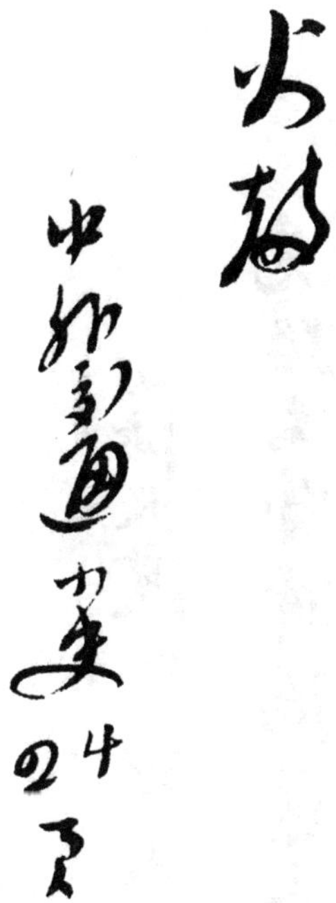

宗教

以後大渡江　聖火家

見路史嘗揮論遂人改火　一•五　勉拜上是

火教

神仙

唐公房舉宅仙去

水經注卷二十

神仙

沔陵衛會　沔天師堂

水經[redacted]沔水注 27・1・2

天師

江水注 卅三・十九

神仙

、求仙者所葬

水經沔水注 廿八·十七 廿八·三 淮水注 卅·廿三

神仙

漢桓帝使中官祠老子主俾

[redacted]

水經陰溝水注23/4

祠王子喬　王子喬冢

又汳水注23/16

宗教道

唐代道宗道教

閩希聖中國政治思想史三冊 三三六頁

佛道先後

見三五〇頁

佛道對教人勇于唐

見三五一頁

唐廢老子化胡經

陶希聖中國政治思想史三冊三五一頁

造老子化胡經之王浮

見中國小說史略葉五三

宗教之

三洞

道家三洞猶佛家三藏也曰洞真洞玄洞神本道家之書先秦諸子及後世服食房中符籙等無不苞括可謂雜而多端矣

宗教（佛）

梁武〻〻后大順時佛寺〻貳路史背揮佛事太盛速天譴（二三）

度牒○順八傳納銀康初并除度牒乾後　文見廿二史劄記卷十九

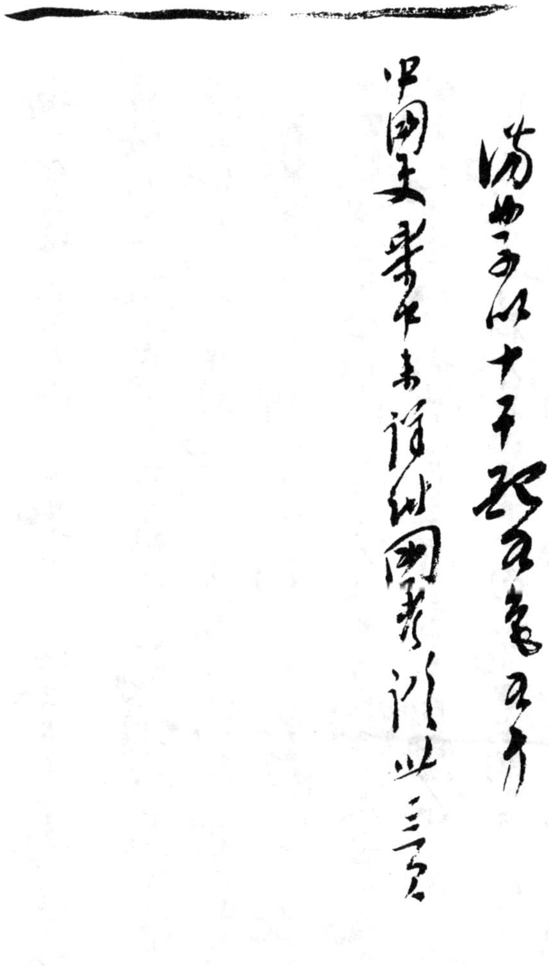

注以實嚴乃以中易殺筆

焉。以祭天神于都广西五百里。有高山迴出。上無草樹，謂之勃登

瀛藥。乃合之以地神。山中國封禪之禮所由昉也。隋右高車傳：不清淨喜

致震雷。無雷則叫呼射天而棄之移去。此亦以乞年為節。為草木茂盛應

以象[illegible]天神之假所本也。此史又以仕苗搗蕪皆與共[illegible]，歲一小盟，三歲

一大盟。殺巫告神曰：[illegible]盟者有如此牲。其畏[illegible]六人自殺，友曰共

命者死。昔自殺以殉。此奉為之所以疑三[illegible]此外，各族亦相類

似云足。大不可救。案印如以十二物紀年。[illegible]中國自古代即有之。

而十二辰乃是。實嚴為日。乎？十二次是。印竺[illegible]之年代，亦為日是。

通

崇之大者以應神天皇時有阿直岐者自百濟來朝傳學太子以
徒典因召博士王仁于百濟使獻論語十卷千文是尊宗之
為[illegible]日本知有漢文之始應神又遣使于吳以得縫工女兄鉗
明[illegible]繼体天皇之時自百濟來[illegible]使臣及[illegible]學生往來以[illegible]因
益盛以至隋唐時遣隋使都度求書以我國為模範矣大宗教
信所以神道者繼体天皇時佛教始來入大臣蘇我稻目信之
欽達時大疫人皆以佛為祟遂命毀佛像稻目子馬子請帝
此稍如何以教化及用明天皇之蘇我氏出佛教由是風盛
崇峻天皇為馬子所弒皇子廐戸與大臣此之去根也徒不討賊何
以見其付佛教之行之狀況矣自居信君知宗信之功
聖武時源行流布于全國

鈴[illegible]之答批通矣

甲[illegible]年七月[illegible]治家

三[illegible]風[illegible]郎

宗教（雜）

瘴蠱○勉案見周官地官土訓